CURIOSITÉS
PARTICULIÈRES

DE LA

VILLE D'AIX

OBJETS D'ART — CHAPELLES

Maisons Historiques, etc.

PUBLIÉES

PAR A. M. DE LA TOUR - KEYRIÉ
Avec le concours de plusieurs Collaborateurs

Prix: 1 fr. 25

AIX
ACHILLE MAKAIRE, IMPRIMEUR - LIBRAIRE
2, rue Thiers, 2

1890

CURIOSITÉS PARTICULIÈRES

DE LA

VILLE D'AIX

II

Les cent pages qui précèdent ce volume sont consacrées à la

PROMENADE D'UN ÉTRANGER A AIX

CURIOSITÉS PARTICULIÈRES

DE LA

VILLE D'AIX

OBJETS D'ART — CHAPELLES

Maisons Historiques, etc.

PUBLIÉES

PAR A. M. DE LA TOUR - KEYRIÉ

Avec le concours de plusieurs Collaborateurs

Prix : 1 fr. 25

AIX

ACHILLE MAKAIRE, IMPRIMEUR - LIBRAIRE
2, rue Thiers, 2

1890

AIX
CURIOSITÉS PARTICULIÈRES

La ville d'Aix a été de tout temps un centre littéraire et artistique. Ancienne cité aristocratique dont les membres se plaisaient à encourager la Littérature et les Beaux-Arts, elle renferme encore dans ses murs de nombreux débris d'une splendeur ancienne ; et si on doit regretter certains objets d'art qui nous ont été enlevés pour orner les hôtels de Paris, on doit applaudir les Amateurs et Collectionneurs assez nombreux qui forment aujourd'hui de nouveaux trésors artistiques.

A ce titre, Aix conservera longtemps encore, le nom d'*Athènes du Midi* qui lui fut donné jadis. On s'en convaincra mieux quand on connaîtra ce qu'il y a actuellement de remarquable en Peinture, Sculpture, Estampes, Bibliothèques et Objets d'Art de toute nature, soit dans les Chapelles privées, soit dans les Maisons particulières dont nous allons essayer d'entreprendre sommairement la description avec la réserve qui est due à des propriétés privées.

Eglise de Notre-Dame de la Seds. Cette église est à l'extrémité de la ville, près de la route d'Avignon.—Elle a un grand intérêt historique parcequ'elle est bâtie sur l'emplacement où fut édifiée la première église d'Aix. Elle a un intérêt pieux plus grand encore parce qu'elle abrite l'une des plus vieilles Madones qu'il y ait en France.

Quand S. Maximin, disciple de Notre-Seigneur arriva à Aix, 14 ans après l'Ascension, il se construisit dans un petit bois un oratoire privé, à l'endroit où est la Métropole actuelle de St-Sauveur. Mais c'est dans la partie occidentale de la cité romaine qu'il prêcha la foi et réunit les fidèles. C'est là que fut bâtie la première église et que fut placé le siège épiscopal. Maximin avait mis son siège sous le haut patronage de la Ste Vierge. De là vint le nom de *Notre Dame de la Seds*, c'est-à-dire du Siège.

Cette église est restée la Cathédrale jusqu'à la fin du XIme Siècle. C'est alors qu'à la suite des invasions sarrazines, cette partie de la ville dite la *Ville des Tours* (à cause des tours du palais épiscopal), devenant déserte, on construisit la Cathédrale au lieu où elle se trouve encore.

L'église actuelle de N.-D. de la Seds est une construction récente, de style romano-bysantin bien réussi. Aux souvenirs qui s'y trouvent rappelés et aux nombreux ex-voto qu'on y voit, il est facile de reconnaître, qu'un pieux élan y appelle souvent les fidèles et quelquefois même les foules (pendant l'octave de la fête - 2 juillet) Un culte tout plein de chaleur y est rendu à la vieille **Madone miraculeuse** qui est sur le maitre-autel. Notre Dame de la Seds est la protectrice aimée de la cité. C'est le refuge assuré en temps de calamité.

La Madone d'après la tradition est une copie (en bois) de l'image que S. Maximin avait donnée aux premiers fidèles et qui fut détruite par les Sarrazins. La science archéologique a déclaré de son côté, après examen de cette statue, qu'elle avait au moins mille ans d'existence.

L'un des autels latéraux est dédié à *S. Maximin*, l'évêque fondateur, le premier des 72 Disciples de Notre-Seigneur.—L'autre à *S. Mitre*, patron de la ville, martyrisé à Aix en 466, lequel, étant décapité, ramassa sa tête et la porta aux pieds de Notre Dame de la Seds.

A remarquer : Le sanctuaire heptagone qui est un reste de l'ancienne église des Minimes, chargés de desservir N.-D. de la Seds avant la Révolution et remplacés depuis le commencement du siècle par les religieuses du St-Sacrement. Dans les intervalles des nervures de la voûte, sont peints huit anges se jouant dans un ciel étoilé et portant chacun sur un phylactère les huit mots du vers célèbre : *Tot tibi sunt, Virgo, dotes, quot sidera cœlo*. Il est en vous, ô Vierge, autant de perfections que d'astres au ciel.

Le dallage de marbre aux inscriptions incrustées. Sept langues différentes, l'hébreu, le grec, le latin, le provençal, le français, l'italien et jusqu'au créole, émaillent de leurs accents variés cet hymne lapidaire de la reconnaissance. L'anagramme du milieu où se lit toujours *immaculata conceptio*, est un souvenir de la prédication de cette croyance catholique en 1321, par l'archevêque d'Aix, Pierre d'Auréole. La grande plaque placée au seuil même de l'église, reproduit l'inscription placée jadis au même endroit par les PP. Minimes, comme le signale l'historien de Haitze :

Ni caveas crimen, caveas contingere limen
Nam Regina poli vult sine sorde coli

Ce qui signifie : Si tu ne redoutes pas le péché, redoute de franchir le seuil, car la Reine du ciel veut être honorée par des cœurs sans souillure.

Au dessus de la porte latérale de droite, le tableau de Rixens, représentant *une mère recommandant un mobile à N. D. de la Seds*, c'est un ex-voto de mères chrétiennes d'Aix en 1870.

Au-dessus de la porte latérale de gauche, une autre bonne toile : *S. Mitre portant sa tête à Notre Dame de la Seds*.

Auprès de l'autel dédié au même saint, dans le soubassement du mur, la vieille inscription que le père Yvan, de de sainte mémoire, avait fait placer sur la porte de l'hospice de la Miséricorde qu'il avait fondé au coin de la rue de ce nom et du Cours. C'est une pierre carrée portant ces mots, relevés aujourd'hui par une couleur rouge : *La Mère de Dieu et de Miséricorde est la seule fondatrice de cette maison.*

On trouve à la librairie Makaire (2, rue Thiers) un ouvrage intitulé *Nos Madones*, par M. Marbot, vicaire général, donnant l'historique de N.-D. de la Seds et de toutes les vieilles Madones du Diocèse.

L'hôtel de M. le baron de St-Marc, cours Mirabeau 18, possède un grand tableau à l'huile de Constantin, représentant une *Forêt et des Bûcherons*. Tableau admirablement traité qu'on pourrait prendre pour un Salvator. Il avait été envoyé de Rome par Constantin à M. de Fonscolombe pour le remercier de ce qu'il payait de ses deniers une pension lui permettant de terminer ses études de peinture dans la Ville Eternelle.

Un *portrait de van Dick* par van Diepenbeeck, avec les derniers coups de pinceau de van Dick. C'est ce tableau qui aurait servi pour la gravure du portrait de ce grand maitre, ce qui est reconnaissable à la façon dont le cou est traité.

Une *Vierge* de Andréa del Verocchio. Un *Page* de Révoil.

Divers portraits peints par Céloni et Arnulphi. Deux *marines* de van der Kalal.

Une statue *(Olympie)* en marbre, de Truphème, ayant eu la médaille d'or au Salon de 1867, dont la reproduction en bronze ou en terre n'existe pas.

Une Console en bois naturel de Toro.

Deux plafonds de Daret : L'un représente trois scènes de l'*Eneïde* ; c'est à notre connaissance tout ce qui reste de la peinture des douze livres de l'ouvrage de Virgile que Daret avait peint. L'autre, le *char de Vénus*, peinture qui a orné jadis l'habitation de la *Belle du Canet* et pour laquelle le duc de Vendôme, gouverneur de Provence, avait dépensé des sommes folles. La tête de Vénus ne serait autre que celle de la *Belle du Canet* elle-même.

Fayences de Moustiers.

Un hôtel, qui malgré de notables changements, car depuis plus de 60 ans il est occupé par des maisons d'éducation, a conservé encore quelques restes de son ancienne splendeur, c'est l'hôtel de **Maliverni**, improprement appelé de Marignane, appartenant aujourd'hui à M. Tavernier. Il occupe une île de la *rue des Jardins* avec façades sur les rues Emeric-David et Manuel. L'entrée principale possède un rang de balustres sur tout le mur de la cour.

La porte d'intérieur en chêne sculpté représente des anges entrelacés. Le plafond du premier salon, contient comme décoration, des moulures bien conservées représentant la Musique, l'Astronomie, la Chasse et la Pêche. Il y a aussi des griffons et des corbeilles de fleurs. Dans la salle à manger il ne reste plus que les encadrements, dans lesquels on avait placé des tableaux ; la lettre M s'y trouve plusieurs fois répétée.

On peut voir encore les armes de la famille de Maliverni peintes sur un mur du premier étage. Toutes les ouvertures portent des ornements sculptés.

La pièce principale est un plafond bien conservé, signé van Loo ; il représente un sujet mythologique dans lequel on remarque principalement *Junon et son paon ;* dans le pourtour, des cartouches représentant les quatre saisons, des anges enguirlandés de fleurs ainsi que des moulures dorées. Les panneaux des portes ont de petites peintures assez bien conservées.

Dans une autre salle, un plafond dont le sujet est également mythologique ; il représente Mercure, Jupiter et Junon ; le pourtour est en grisaille, les sculptures au-dessus des cheminées sont également dignes de fixer l'attention des connaisseurs.

Enfin, dans un boudoir dont le plafond est voûté, les ornements dorés sont très nombreux, et les peintures sont du genre Mignard. Anges et fleurs planent au dessus de la tête du visiteur de la façon la plus gracieuse ; quatre aigles soutiennent la corniche aux larges moulures dorées.

La rampe très-bien ouvragée mais qu'il a fallu enlever parcequ'elle pesait trop lourdement sur l'escalier, orne aujourd'hui la maison de Mme de Janzé à Paris.

Église de St-Thomas de Villeneuve. Quand on a dépassé l'extrêmité du *cours St-Louis,* au premier tournant du chemin de Vauvenargues, on se trouve en présence d'un groupe de bâtiments considérables que domine une aiguille en zinc des plus élancées. C'est la Maison-Mère de la congrégation hospitalière des Sœurs de St-Thomas de Villeneuve, fondée au commencement de ce siècle par la servante de Dieu, Mme de Pinkzon, dont la cause est introduite à Rome, depuis quelques temps. La partie la plus ancienne du couvent, celle dont la façade termine le cours St-Louis, est un reste de l'ancienne maison des PP. Récollets qui disparurent d'Aix, ainsi que les autres religieux, au commencement de la Révolution. La première chapelle du Noviciat de St-Thomas est même un collatéral de l'église primitive de ces religieux.

Mais l'importance croissante de la Maison-Mère ayant exigé des agrandissements de plus en plus considérables, une nouvelle chapelle a été élevée dont la description mérite une place d'honneur dans ce guide.

C'est en effet une merveille d'architecture que ce gracieux édifice gothique, surtout dans une ville que sa proximité de l'Italie a doté presque exclusivement de monuments religieux dans le style renaissance. Le vaisseau de cette belle église, dont on ne saurait trop regretter que la façade soit masquée à demi par les constructions du couvent, produit le meilleur effet par la hardiesse et l'étendue de ses proportions. Il se compose d'une grande nef et de deux bas-côtés que domine jusqu'à la hauteur du sanctuaire une de ces galeries supérieures qui prennent le nom de *triforium* dans le langage de l'art. Les lignes de l'édifice se prolongent dans l'abside polygone qui est éclairée d'un double rang de fenêtres ogivales. Une magnifique rose en grisaille comme les verrières de la nef, les vitraux à personnages du chœur complètent la distribution du jour dans l'édifice. Tout est en harmonie dans ce bijou gothique ; l'autel-majeur avec ses bas-reliefs délicats dont le sujet est emprunté au mystère du sacrifice eucharistique, les autels latéraux qui reproduisent des sculptures du meilleur archaïsme, les statues décoratives, les boiseries et jusqu'aux bénitiers au fond desquels on aperçoit des poissons polychromés, vieille figure traditionnelle des chrétiens.

Une flèche aiguë avec sa croix et son coq dorés domine l'arête de la toiture, et rappelle les aiguilles qui couronnent communément les églises gothiques du nord, notamment celle de la Ste-Chapelle à Paris.

Ce chef-d'œuvre de l'architecture religieuse est tout moderne ; on le doit à M. l'abbé Pougnet, du diocèse d'Avignon, qui vient de doter la ville de Marseille de la belle église de St-Vincent-de-Paul.

Les amateurs du beau ne devront pas se dispenser d'aller admirer la maison que fit bâtir sous le règne de Henri II, *Victor Peyroneti*, official de la Métropole, dans la rue dénomée pendant longtemps de *l'Official* et qui porte aujourd'hui le nom de *rue Aude*, en mémoire d'un maire d'Aix dont le souvenir sera durable.

Quoique cet immeuble ait reçu dans ces derniers temps de son propriétaire, M. Bergeron, des appropriations et surtout des persiennes peu en harmonies avec le style de la construction, on n'en remarquera pas moins les pilastres en demi-relief du rez-de-chaussée et du premier étage, les frises du premier étage et les bucrânes plusieurs fois répétés, sont justifiés par les armes des Peyroneti.

La porte d'entrée sculptée est bien conservée, les gonds artistiques de l'intérieur ont été argentés, ce qui les détache du fonds du bois. Le vestibule est très étroit ; il est voûté et possède des moulures de bon goût avec des niches destinées à recevoir des statues. A droite un escalier remarquable avec colonnes ornées.

C'est dans cette maison que fut créée après la révolution de 1830 une société politique qui prit le nom de *la Cougourde*, en raison d'une courge trouvée dans la pièce principale des appartements loués à la société.

La chapelle des Pénitents gris, dits **Bourras**, sise *rue des Pénitents-Noirs*, et sur l'emplacement de l'ancienne chapelle des confrères de ce nom, possède un **très**

beau Calvaire dont nous devons la description aux visiteurs de notre ville :

Sur une montagne élevée avec des rochers habilement disposés et dont les contours forment l'autel lui-même, se dresse un groupe central de huit personnages en bois, de grandeur naturelle ; ces statues en plein relief, peintes et dorées représentent la *Sépulture de Notre Seigneur*. Le Sauveur est supporté par un suaire dont Nicodème à droite et Joseph d'Arimathie à gauche tiennent les extrémités. Derrière le tombeau, la Sainte Vierge en pâmoison est soutenue par l'apôtre S. Jean et Salomé ; entre cette dernière et le personnage qui tient le linceuil, figure Marie Madeleine reconnaissable à son vase de parfums ; elle a pour pendant, de l'autre côté, Ste Marie Jacobé représentée dans l'attitude de la prière. On aperçoit sur un plan plus éloigné, deux autres témoins de la scène ; un juif portant une torche, à droite, et à gauche, le soldat qui a donné le dernier coup de lance au Christ. Au sommet de la montagne se dressent trois grandes croix, celle du Sauveur au milieu, et les deux latérales qui portent les cadavres des deux larrons, admirablement distingués, le bon par son expression de recueillement et de résignation ; le mauvais, par le désespoir de sa physionomie et les contorsions de ses membres. Au fond, une fresque, qui est fort en dessous de la beauté du monument représente la ville de Jérusalem et les derniers curieux du Calvaire qui s'éloignent.

Ce bel ouvrage qui date de l'an 1515 est dû à des artistes flamands et figurait autrefois, dans l'église des Prêcheurs, aujourd'hui paroisse Ste-Madeleine, à l'endroit même ou s'élève l'autel de la sainte patronne de cette église. Sauvé du sort qui menaçait toutes les belles choses sous l'ère du vandalisme révolutionnaire, il fut cédé aux frères Pénitents gris par MM. de la Calade, bienfaiteurs insignes de leur Compagnie.

On remarque encore : Dans le sanctuaire de la chapelle un curieux tableau représentant *S. François de Sales* et rappelant son admission, en 1616, dans la confrérie des

Pénitents noirs de la ville d'Aix. A côté du saint, un petit ange soulève une draperie et tient le cordon noir qui était l'insigne de la Compagnie ;

Une *Nativité* sur bois ;

A l'entrée du sanctuaire, deux plaques de marbre noir. L'une est la première pierre de la chapelle primitive, posée le 3 mai 1680 ; l'autre rappelle la translation de la Compagnie, dans son nouveau local, le 15 octobre 1859 ;

Dans la nef, un bon *S. Jérôme au désert* ;

Sous la tribune, qui sert de chœur aux Frères pour les offices, les portraits des bienfaiteurs ou des principaux membres de la Confrérie parmi lesquels ont distingué le général de Rostolan ; l'abbé Roman de pieuse mémoire ; M. Robaud, doyen des employés de France ; plusieurs membres de la famille de La Calade, entre autres le maréchal des logis des gardes du corps du roi ; M. de S.-Marc, conseiller à la Cour de Cassation ; NN. SS. le cardinal de Grimaldi et Chalandon, archevêques d'Aix ; Mgr de Mazenod, évêque de Marseille ; d'anciens présidents à mortier du Parlement, etc.

La Compagnie des Frères Pénitents gris, dits Bourras, fut fondée en 1677, par le cardinal de Grimaldi, sous le titre de la Passion et le patronage de S. Jérôme, pour l'ensevelissement des pauvres décédés. Elle eut successivement plusieurs sièges, notamment à la rue des Bourras qui a gardé son nom, sur le cours de la Trinité, avant la fondation de l'asile des Aliénés et, rue Beauvezet, dans l'ancienne chapelle de la Pureté. Les Frères sont au nombre de soixante-douze, en mémoire des soixante-douze disciples de J.-C. Leur costume se compose d'un sac de toile avec manches, de couleur blanchâtre, avec capuchon sans pointe et d'une corde à nœuds portant un gros chapelet.

Rue de la Grande-Horloge, 17, on remarque une façade en pierre sculptée et une porte digne d'attention.

L'hôtel de Châteaurenard, *rue de la Grande-Horloge, n° 19*, se distingue des beaux hôtels de la ville d'Aix par un escalier comme on en voit peu. Il sera d'autant plus facile à visiter qu'il est occupé aujourd'hui par le **Bureau de Bienfaisance** dont la porte toujours ouverte permet facilement l'accès ; les exigences d'une nouvelle destination ont bien un peu altéré l'antique cachet d'une maison qui a eu l'honneur de loger Louis XIV, mais il en reste encore assez pour fixer l'attention de l'amateur.

L'escalier aux larges proportions, contient des peintutures de Daret, dans lesquelles le talent de l'artiste se voit dans tout son éclat. Le sujet est l'*Immortalité de la Vertu.* Ce qu'on aperçoit d'abord, ce sont quatre colonnes formant un corps d'une épaisseur proportionnée. Dans le frontispice, deux niches dans l'une desquelles est représenté Hercule, vêtu de la Peau de Lion de Némée, s'appuyant de la main droite sur sa massue et tenant de la gauche trois pommes cueillies au Jardin des Hespérides, symbole des Trois Vertus : la Modération de la Colère, la haine conçue contre l'Avarice et le mépris des Voluptés. La dépouille du Lion, signifie la grandeur du courage d'Hercule et la massue représente la Force et la Sagesse. L'autre niche en partie cachée par la colonne ne permet d'apercevoir que la jambe et la main d'une statue. Dans ce même frontispice est représenté une portion de bas-relief aux vases d'or et d'argent que les anciens offraient à la Vertu. Le Balustre qui ferme l'entrée et qui est conforme au relief opposé a encore plus de netteté et de force ; on voit aussi de grands rosiers représentant sans doute les lauriers roses qui entouraient le Temple de la Vertu.

Aux ouvertures sont placés des rideaux rouges, qui devaient il y a cent ans rivaliser avec de véritables rideaux ; à droite et à gauche se dressent de grands pilastres portant entablement. Les Termes en forme de cariatides sont là pour représenter le Vice supportant le faix, comme des esclaves. Dans l'entre deux des pilastres, deux niches : dans l'une a été peinte la statue de Scipion l'Africain qui affectionnait les savants ; dans l'autre Salomon le plus sage des hommes ; le premier est représenté en guerrier couronné de lauriers, le second en robe comme les rois de cette époque. Dans l'entre deux des pilastres, Daret a imité deux grandes croisées vitrées, on y voit un laquais, tête nue, vêtu d'une livrée feuille morte avec le galon bleu qui était la couleur de la maison ; c'est le portrait véritable d'un des serviteurs de M. le baron de Châteaurenard.

Une cage suspendue contient un perroquet, oiseau, qui au dire de Stace, a pu saluer les rois et prononcer le nom de César.

Dans l'anse-de-panier entourant le plafond, on trouve représentée une continuation d'architecture avec quatre ouvertures parfaitement imitées ; dans l'épaisseur supposée de ladite corniche sont des niches dans chacune desquelles on a logé un buste imitant le marbre, ceux de Pallas, Mercure, Apollon et d'un roi. Les images des huit arts libéraux occupent l'espace compris entre les fenêtres et les angles ; elles ont la forme de femmes accompagnées de génies; ce sont : la Grammaire, la Rhétorique, l'Arithmétique, le Géométrie, la Musique, l'Astronomie, la Logique et la Peinture. Cette dernière peint les armes de la maison. Tout le plafond est enrichi de festons et de rubans; il est éclairé par une ouverture donnant jour des deux côtés, les autres restant dans l'ombre. Ce jour se perd insensiblement en demi teintes et vient se marier avec le véritable jour de sorte que le jour naturel et le jour imité ne peuvent se distinguer. Dans le ciel parait une Pallas, tenant à la main la verge des Sciences avec ces paroles: *Virtus immortalis*, elle est vêtue d'une robe de couleur rose, son casque est surmonté d'une couronne d'oliviers avec un panache blanc, son visage est doux et radieux.

Les ornements du dessous de l'escalier sont en rapport avec le sujet principal ; la première partie représente le Parnasse, les Muses et Apollon ; la deuxième, Diane chasseresse. Au dessous du premier est aussi la Vertu terrassant le Vice.

A gauche l'imitation d'un jardin dans lequel apparaissent

Vénus et son fils. Sur la fontaine est une niche renfermant la Justice.

Une console sculptée en pierre de Calissanne, malheureusement peinte, orne le rez-de-chaussée ainsi qu'une grille composée de quelques piques de la garde nationale de 1789, parmi lesquelles se trouve un esponton de sous-officier de l'armée française.

Pour sa destination nouvelle, l'immeuble a reçu des plaques de marbre faisant connaître les noms des Bienfaiteurs du Bureau de Bienfaisance.

Le médaillon qui figurait sur l'ancien établissement de *la Miséricorde* alors qu'il était sur la place de l'Hôtel-de-Ville, a été fort religieusement conservé et placé au-dessus de la porte d'entrée ; il rappelle la fondation à Aix de cette œuvre charitable qui date de 1590.

La chapelle, toute récente, date de l'affectation de l'hôtel de Châteaurenard comme siège du Bureau de Bienfaisance. C'est un modeste édifice dont nous n'aurions rien à dire, s'il n'avait pas hérité du célèbre tableau de *Notre Dame des sept douleurs* qui fut toujours un objet de vénération pour la piété aixoise.

Cette peinture sur bois est du commencement de la renaissance italienne. Elle représente la Mère de douleurs, assise et largement drapée, les mains croisées sur la poitrine, la tête entourée d'une légende gothique écrite sur une banderole capricieusement enroulée. Sept médaillons forment une auréole autour de la Vierge ; ils contiennent en réduction les sept mystères douloureux, la Circoncision, la Fuite en Egypte, la perte de Jésus à Jérusalem, le Portement de Croix, le Crucifiement, la Descente de Croix et la Mise au Sépulcre.

Ce tableau appartenait au cardinal de Richelieu, frère du ministre et Archevêque d'Aix. Le vénérable père Yvan, fondateur de l'ordre des *Filles de N. D. de la Miséricorde*, rue de ce nom, ayant eu occasion de voir à l'archevêché cette sainte image, conçut une telle dévotion pour elle qu'il venait tous les jours la contempler. Ce que voyant, l'Archevêque dit au bon Père : « Je pense que vous êtes amoureux de ma Vierge puisque vous venez tous les jours lui faire la cour ». Le père Yvan répondit qu'il en était ainsi et le généreux prélat lui en fit don. A son tour, le père Yvan céda le précieux tableau au monastère de ses filles, et comme il était bon graveur lui-même, il reproduisit la sainte image et en répandit des copies à profusion. A l'époque de la Révolution, le tableau vénéré fut soustrait à la profanation par une religieuse de l'ordre. Il passa depuis entre les mains de plusieurs personnes pieuses et fut rendu vers le milieu de ce siècle, par Mme Pin, dernière religieuse de cet ordre, à l'hospice actuel de la Miséricorde. Il est aujourd'hui exposé à la vénération publique au-dessus de l'autel latéral de gauche.

Rue Éméric-David, 16, l'ancien **hôtel de Panisse** construit en 1739, par les ordres du marquis Thomas de la Garde et actuellement propriété de la famille Alphonse Tardif, a une belle façade et une porte sculptée avec panoplies de guerre et de chasse, cette porte est une des mieux conservées de la ville d'Aix. La rampe de l'escalier est un chef-d'œuvre en fer forgé ; on y voit le blason des marquis de Panisse.

Nous remarquons à l'intérieur des Meubles anciens et notamment un meuble Louis XV attaché à la maison ; des Bronzes divers ; et un tableau de la Vierge attribué à Sassoferrato.

La galerie possède plus de cent toiles dont les principales sont celles-ci :

Les *Saintes Femmes au tombeau du Seigneur*, par Lazerges ; *Basse-cour*, par Salmon ; *Coquetterie*, par Chaplin ; Les *Anges Gardiens*, par Tassaert ; *Tête de jeune fille*, par Chavet ; *Humanité*, par Beaume ; *Maréchal-ferrant*, par Hédouin ; *Retour de Chasse*, par de Dreux ; *Surprise d'Arabes*, par Rigo ; *Fleurs et fruits*, par Nodo ; Le *Joueur de biniou*, par Luminais ; La

Famille bretonne, par Antigna ; Les *Lavandières,* par Loubon ; Le *Départ,* par Léopold Robert ; Le *Baiser d'adieu,* par Besson ; Le *Klan de la sultane Validée,* par Brest ; *Marine,* par Gudin ; *Sous bois,* par Lebas ; *place St-Marc à Venise,* par Joyant ; Les *Moissons,* par Veyrassat ; *Tête d'enfant,* par Landelle ; *Paysage,* par Corot ; Le *Baiser de l'Ange Gardien,* par Lazerges.

Une porte très bien sculptée dont malheureusement il ne reste qu'une partie de l'imposte assez conservé, est celle du n° 12, même rue. Cet hôtel le plus ancien du quartier (il date de 1590) a passé des mains de son fondateur Jean Ganay à la comtesse de Carcès, au marquis d'Espinousse, à M. Mottet premier maire d'Aix en 1830, et maintenant à M. Féraud-Giraud, conseiller à la Cour de Cassation.

Une autre porte sculptée et bien conservée est celle de la *rue Espariat, 24.* L'auteur est le sculpteur Ramel, dont on n'a que fort peu de travaux.

L'ancien **hôtel d'Agut,** conseiller au Parlement, *place des Prêcheurs, 2,* appartenant aujourd'hui à Mme veuve Payan, se signale par une belle façade avec cariatides visant le Palais de Justice ; on voit sur les derrières de la maison une porte sculptée avec les armes de la famille d'Agut ; ce beau travail est en partie détruit, les sculptures de la porte de la principale façade sont mieux conservées. Les deux Vierges aux angles de la maison datent de 1850 ; elles ont remplacés celles abatues en 1789.

La maison de Mme veuve Davin, *place des Prêcheurs, 10,* ancien **hôtel de La Cépède** plus tard de Simiane, se distingue par trois façades. Celle de la rue Chastel surtout est très curieuse par les moulures de la porte.

La maison de la *rue Littéra, 5,* appartenant aux héritiers de M. le conseiller Mollet, était l'hôtel d'une famille parlementaire, les d'Albert. Les plafonds de son escalier sont enrichis de belles moulures du XVIIme Siècle. Au deuxième étage de cette vieille habitation se trouvent les **Archives et la Bibliothèque de l'Académie des Sciences, Agriculture, Arts et Belles-Lettres d'Aix.**

Cette Compagnie est la continuation de la Société d'Agriculture de Provence, fondée en 1769. Etablie en 1808, elle fut reconnue d'utilité publique en 1829, par une ordonnance de Charles X, qui fixa à trente le nombre de ses fauteuils. Elle tient ses séances hebdomadaires à l'Hôtel de Ville, et sa réunion solennelle de chaque année à la Faculté de Droit. Ses publications comprennent jusqu'à ce jour treize volumes de *Mémoires* et soixante-cinq comptes-rendus de ses *Séances publiques*. C'est à elle que l'on doit l'érection du monument funèbre du président de St-Vincens, le classement de la Tour de l'Horloge parmi les monuments historiques, les inscriptions de la fontaine St-Louis, la tenue à Aix en 1866 du Congrès Scientifique de France, etc. Grâce aux libéralités de M. Gustave Rambot et de M. Reynier, qui lui ont laissé l'un 12,000 et l'autre 20,000 fr., l'Académie décerne tous les ans deux prix de vertu aux actions méritoires qui lui sont signalées dans l'arrondissement. Elle ouvrait aussi, dans le temps, des concours sur des questions d'agriculture ou d'histoire locale, à l'aide d'une subvention de quinze cents francs qui lui était annuellement accordée par l'Etat, le Département et la Ville. Cette allocation a été d'abord réduite, puis supprimée, sous couleur d'économie budgétaire, mais en réalité parceque l'Académie, étrangère à la politique, n'était d'aucun secours électoral à ceux qui distribuent les faveurs officielles. Espérons que la municipalité actuelle, dont les vues sont plus larges, ne laissera pas plus longtemps la science locale sans encouragements. On peut bien, après avoir donné un million au lycée, octroyer cinq cents francs par an, voire mille, au premier corps savant de la Provence.

Les archives de l'Académie contiennent des documents précieux. Citons, entre autres, l'acte de fondation de la

Société, avec la signature autographe de toutes les notabilités aixoises de 1808, au nombre de cent trente, et les manuscrits originaux et inédits des quatre mémoires envoyés par M. Thiers aux concours de l'Académie, en 1818, 1820 et 1821, mémoires qui valurent au futur grand homme ses premiers lauriers littéraires.

Quant à la Bibliothèque de la Société, on y remarque une collection d'auteurs anglais qui lui fut léguée en 1840 par Mr de Cicé, son ancien président ; les publications émanées depuis un demi-siècle du Ministère de l'Instruction Publique ; et la collection des mémoires d'environ deux cents Sociétés savantes de la France, de l'Europe et de l'Amérique ; en tout, plus de six mille volumes qu'on demanderait en vain à la Méjanes.

L'hôtel de Lestang-Parade, *rue de l'Opéra, 18*, possède au fond de la cour, une façade ornée de pilastres et d'entablements d'une belle architecture ; à l'intérieur une collection de tableaux anciens appartenant à diverses écoles Italienne, Allemande, Française parmi lesquels on peut citer :

Un *portrait de Marc-Antoine*, gravé par Desnoyers attribué à Raphaël Sanzio célèbre dans tout le Midi ; un *atelier de St Joseph* et l'*intérieur du Cloître des Capucins à Rome*, par Granet ; *Hortense de Mancini*, nièce du cardinal Mazarin, par Pierre Mignard ; deux fragments de tryptique de Bartelemeus; de Bruys, *départ d'un pèlerin* et *chatelain en prière; buveurs et fumeur*, par Téniers ; *un moine en prière*, belle tête par Annibal Carachi ; Un grand tableau de miniatures peintes à l'huile par les meilleurs maîtres de l'Ecole Flamande ; plusieurs miniatures par M. le chevalier A. de Lestang-Parade, celle qui représente Mme Clairon est une des plus remarquable.

On peut voir en outre dans un appartement du premier étage une grande toile formant tout le plafond et représentant l'*Amour conduisant la Folie* magnifique peinture très bien conservée ; quatre figures de servantes, par Daret de grandeur naturelle destinées à servir de trompe d'œil et à être placées sur un palier.

Dans l'antichambre du grand salon six grands panneaux sur toile peinte, la *Fontaine de Jouvence* et un *sujet de chasse* d'après Boucher et Watteau ornent et couvrent les murs, on remarque dans le salon Louis XIV, un *portrait de famille,* signé van Loo, et une belle pendule provenant de la succession du maréchal de Villars, gouverneur de la Provence.

L'hôtel de Parade renferme en outre un grand nombre d'objets d'art très curieux en ivoire, statues, bronzes, deux Christ en ivoire attribués à Michel-Ange.

Au n° 24 de la même rue est un **autre hôtel**, appartetenant à M. le M¹ˢ de Bonnecorse de Lubières, qui outre une façade digne de remarque est orné d'une porte sculptée par Toro ; c'est un des plus beaux travaux de sculpture sur bois de notre ville. L'intérieur répond à l'extérieur. Citons : le portrait d'un membre de la famille d'Arlatan, peint en 1736 par van Loo ; un portrait de femme (de la famille de Lubières), peint par de Troy en 1700, ce dernier a un cadre de toute beauté, nous aurions trop à faire pour désigner les autres objets. Contentons nous de citer les appliques et pendules de la fin du règne du Louis XIV et des portières brodées en couleurs sur drap noir. Les moulures des plafonds sont dignes de remarque et leur valeur artistique est telle, que la Société des Arts Décoratifs de Paris a demandé l'autorisation de les mouler.

L'hôtel, n° 26 de la même rue, est décoré d'une façade exécutée sur les dessins de Puget et par les ordres des seigneurs de Peyrolles ; elle fait justement l'admiration des étrangers. Elle est aujourd'hui propriété de la famille de Grimaldi-Regusse.

Une maison plus modeste, portant le n° 13, contient un dessous d'escalier fort curieux ; à la première volée on voit un berger jouant de la flute ; à la seconde volée, le Baptême de N. S. Jésus-Christ ; à la troisième, le triomphe de la Vierge, et enfin à la quatrième, S. Jean prêchant dans le désert. Quoique ces sculptures aient été badigeonnées on peut encore apprécier le talent de l'artiste. Cette maison appartient à M. J.-B. Dauphin, amateur distingué de notre ville qui possède une Bibliothèque et des objets d'art de toute nature. Entr'autres curiosités, le manuscrit original de Tron de Codolet, *Lou troumpo qu poou.*

L'hôtel d'Eguilles, *rue Espariat, 6,* est remarquable par sa belle façade, mais les objets qui garnissaient l'intérieur ont tous disparu; récemment la ville de Marseille a acheté *un faune* sculpté par Veyrier, l'élève de Puget. Il ne reste plus de l'ancienne splendeur de cet hôtel qu'un plafond peint par Sébastien Barras, et encore est-il à peu près détruit pour permettre à un fidelier (fabricant de vermicelles) d'exercer sa profession.

Une **inscription hébraïque** mutilée provenant probablement d'un tombeau, se trouve aujourd'hui au-dessus de la porte d'entrée de la maison *n° 19, du boulevard Notre-Dame*

שלמה בן הר דו
מעלה בשנה שנ

La traduction ne peut se donner que de la manière suivante: *Salomon, fils du rabin David est décédé en l'année la seconde.*

Cette inscription qui paraît dater de l'arrivée des Juifs en Provence a été moulée en 1879, le plâtre figure au Musée de notre ville sous le n° 208.

La maison *rue Roux-Alphéran, n° 9,* qui fut la demeure du célèbre auteur des *Rues d'Aix,* François-Ambroise-Thomas **Roux-Alphéran,** qui y est décédé le 8 février 1858 à l'âge de 81 ans, est remarquable par la façade du jardin où se trouve la fameuse inscription arabe, sur pierre, destinée à Peiresc, citée par Bouche dans son

Histoire de Provence, reproduite avec traduction par Millin en 1804 (planche n° 49 et dont le moulage se trouve au Musée, n° 198).

Le cabinet de Roux-Alphéran si riche en manuscrits, ouvrages, objets d'art et curiosités sur la Provence est actuellement divisé : Les principaux manuscrits légués par l'auteur des *Rues d'Aix* à la ville sont à la Bibliothèque Méjanes et forment le fonds Roux-Alphéran inventorié à part. Les autres manuscrits, livres, tableaux, etc., sont la propriété des petites-filles et héritières de Roux-Alphéran, Mesdames de Villeneuve-Esclapon et Taconnet, nées de La Lauzière à Aix.

Un médaillon de Puget, représentant Nicolas de Ranché, commissaire-général des galères de France, un tableau de J.-B. van Loo où ce peintre renommé s'est représenté lui-même peignant sa fille entouré de sa femme et de ses trois fils.

Les portraits des présidents de Gervais de Beaumont, de Forbin d'Oppède, de Gaufridi, une esquisse du conseiller marquis Boyer d'Eguilles, par Rigaud, se trouvent chez le comte et la comtesse de Villeneuve-Esclapon, *rue Cardinale, 29.*

Ce que possède Madame Taconnet se trouve plus loin mentionné, dans le cabinet de son gendre M. le bâtonnier Guillibert.

L'hôtel Châteauneuf, *rue Mazarine, n° 10,* appartient à Mme Taconnet, née de La Lauzière, veuve du colonel Taconnet.

Cet ancien hôtel reconstruit au milieu du siècle dernier, est le seul à Aix dont les deux façades nord et midi soient ornées de mascarons aux fenêtres de chaque étage. Ces sculptures, semblables à celles de la Halle aux Grains sont l'œuvre de Chastel. La tête du dernier mascaron, au midi, représente un portrait que l'on croit être celui du célèbre sculpteur. Il l'aurait placée en guise de signature et en témoignage de reconnaissance envers le marquis de Pierrefeu, premier consul d'Aix, à la famille duquel appartenait cette maison.

LL. AA. I. et R. l'archiduc Ferdinand d'Autriche frère de la reine Marie-Antoinette et l'archiduchesse sa femme, née princesse Marie-Béatrix d'Est, ont habité cet hôtel en 1783 et 1784, lorsqu'ils vinrent prendre les eaux de Sextius; ces hôtes augustes voyageaient sous les noms de comte et comtesse de Nellembourg.

Dans cette même maison se trouve **le cabinet de M. Guillibert**, bâtonnier de l'ordre des avocats à la Cour, arrière petit-fils par sa femme de Roux-Alphéran, qui possède dans son importante Bibliothèque de Droit et de Littérature, une grande partie des ouvrages, manuscrits et documents sur la Provence collectionnés par son savant bisaïeul.

On remarque parmi les tableaux de son cabinet : une peinture à la gouache du roi René, représentant l'*Adoration des Mages*, ce tableau, donné par le roi René lui-même aux Dames de St-Barthélemy à Aix, est mentionné dans les ouvrages d'art; il est reproduit en lithographie dans la grande édition des *OEuvres du Roi René*, par le comte de Quatrebarbe, tome 1", page 44.

Le *portrait de Rubens*, par van Dyck, envoyé par Rubens à Peiresc en 1629 et sur lequel Nostradamus composa un sonnet conservé à la Nationale; ce tableau historique légué par Peyresc à Borilli passa par héritage aux Fabri-Borilli, de qui le tenait le doyen de la Cour, M. Bermond qui le légua en 1842 à M. Roux-Alphéran.

Un *Siège de la ville d'Aix*, où les anciens monuments de la ville et le palais des Comtes de Provence sont nettement reproduits.

Divers portraits de famille dont un en pied par Bernard, 1738, et un par Nattier, 1753.

M. Guillibert possède une collection de médailles provençales assez complète; on voit aussi chez lui une statue en bois doré de la fin de XIIIme Siècle, représentant Saint Louis, évêque de Toulouse, fils de Charles II, comte de

Provence. Cette statue est en tous points conforme au dessin, conservé à la Méjanes, fond Roux-Alphéran, portraits tome 1 page 4, d'après le tableau original trouvé chez les Claristes d'Aix.

Bâtie au milieu du XVIIme Siècle, l'ancienne **maison des Pigenat**, lieutenants criminels, passée plus tard à M. de Foresta, conseiller, appartient aujourd'hui à **M. Louis de Bresc**, *rue des Quatre-Dauphins, 17*. Elle est connue par le beau plafond dont Jean Daret avait décoré le dôme de son escalier, et qui a toujours été goûté des connaisseurs. Ce plafond représente une renommée entourée de génies dans des poses variées autant que gracieuses.

On voit dans la même maison d'autres remarquables œuvres d'art. Citons : une peinture sur bois du XVme Siècle, représentant, dans une série de panneaux, diverses scènes de la vie, de la maladie et de la mort de Zizim ;

Une porte provenant du monastère des Bénédictines de la Celle près Brignoles, et dont les quatre panneaux sont ornés de peintures du Moyen-Age qui ont une véritable valeur, quoique assez endommagées par le temps ;

Un portrait de Potier, duc de Gesvres, peint par Mignard, et provenant du premier président Le Bret, fils, à qui le duc l'avait offert, ce tableau a été gravé ;

Quatre anges en bois sculpté, jouant de divers instruments. Ces anges, d'environ 80 centimètres de haut, sont remarquables par le naturel charmant de leur attitude, notamment celui qui joue de la flûte et celui qui tient un violon dans la pose italienne, œuvre de Veyrier. ;

Un bahut finement sculpté, remarquable en particulier par le fronton qui le couronne, appendice assez rare et du meilleur effet ;

Une pendule antique émaillée ;

Enfin une collection nombreuse de livres et documents sur l'histoire de Provence, mais dont la majeure et meilleure partie est conservée par son propriétaire dans sa résidence la plus habituelle, au château de Bresc (Var).

Un hôtel nouvellement restauré, celui de M. **Lucas de Montigny**, *rue des Trois-Ormeaux, 7*, se distingue par un aménagement et une décoration de bon goût : citons ce qu'il y a de plus remarquable :

Peinture : La *Tentation de St Antoine*, par Theniers ; *Chien et chat*, par Scheneders ; *portraits* de M. le baron Rolland et de sa fille Mᵐᵉ de Montigny, par Vincent ; *portrait* de la présidente de Séguiran, par van Loo ; Les *amours pêcheurs*, par Boucher ; un *paysage* de Camille Roqueplan ; *portrait* de Mᵐᵉ Vigé Lebrun ; un *Christ* descendu de la Croix, par Caravage ; une *marine*, par Isabey ; Le *portrait de Louis XVI*, par Duplessis ; *Ste Catherine*, par Bernardino Lonimi ; l'*amour endormi*, par van Hell ; *une île*, par Camille Flers ; un *portrait* de Mᵐᵉ de Grignan, par un contemporain. Enfin pour terminer les belles toiles citons le portrait de Mᵐᵉ la Mⁱˢᵉ de Tressemanes, dont les traits fins et spirituels ont été reproduits par un artiste de mérite, M. Villevieille.

Dessins : Un *insurgé*, par Jeanron ; le *Boucher Limousin*, aquarelle, par le même ; dessins divers de Gavarni, de Flers, Charlet, Eugène Giraud, etc.

Sculptures : Portraits de famille par Pontier, Rolland et autres.

Objets Divers : Bibliothèque contenant des manuscrits de Mirabeau ; une photographie d'Alphonse Karr avec envoi d'auteur en vers ; les quatre saisons en terre cuite pour pendule par Rolland ; Antoine et Cléopâtre en faience ; le portefeuille de Mirabeau avec son portrait sur la couverture, son encrier, son cachet, son nécessaire de toilette et enfin le bureau du fameux tribun, ce meuble en ébène incrusté des armes et de sujets divers en nacre n'est pas le seul meuble qui lui ait appartenu, il y a aussi une armoire et un meuble dit *cabinet* toujours aux armes et fort remarquablement sculpté ; une tabatière avec le portrait du marquis de Mirabeau ; des faiences, des japonaises, etc.

Dans l'Atelier de Peinture de M. Gabriel L. de Montigny divers tableaux, objets d'arts, armes, dessins, un *paysage* par de Julienne et un autre *paysage* représentant les rochers sur les bords de l'Arc près de Châteauneuf-le-Rouge par M. Albert de Bec, etc.

La **collection de M. Alcide Furby** dont la nomenclature sommaire est ci-après, indique qu'elle a été formée par un amateur distingué, qui est en même temps un homme de bon goût, *(rue Roux-Alphéran, 37).*

Cette précieuse collection se compose :

D'une excellente bibliothèque d'environ 4,000 volumes ; d'une série de dessins de toutes les écoles au nombre de plus de 200 ; d'une galerie de tableaux et enfin de divers objets d'art qui aident à rehausser le tout.

Un catalogue assez volumineux pourrait seul rendre un compte exact des divers éléments dont elle est formée. Essayons d'en dire quelques mots en suivant l'ordre que nous avons établi :

1° La Bibliothèque, outre une excellente collection de livres de droit, comprend des rayons entiers de livres rares et recherchés par les bibliophiles.

On y remarque trois volumes ayant appartenu à Grolier et revêtus de sa reliure bien connue, dont le plus beau se trouve décrit dans l'ouvrage de M. Leroux de Lincy, c'est *Il libro del Cortagiano del conte Baldesar Castiglione*, édition aldine de 1533, les ancres des Aldes y sont enluminées bleu et or, et la première lettre de chaque livre de l'ouvrage est en or, la reliure à compartiments porte sur plats le titre, le fameux *Jo. Grolierii et amicorum*, et la non-moins fameuse devise : *Portio mea....* etc.

Quant aux deux autres qui ne portent pas de titres sur les plats, ils firent l'objet d'une correspondance adressée à M. Potier, libraire à Paris, correspondance où M. Furby cherchait à établir que Grolier avait dû parfois faire préparer en Italie des reliures faites d'avance et où venaient s'emboîter plus tard les ouvrages qu'il voulait y faire placer.

Il y a dans cette bibliothèque quantité de vieux maroquins aux armes, des missels manuscrits et imprimés, et en particulier le livre de musique enluminé et sur vélin de David Rizzio que Darnley, époux de Marie Stuart, fit assassiner à Holyrood.

Notons sans nous y arrêter, les Contes de la Fontaine, édition des fermiers généraux, maroquin rouge ; le Décaméron de Boccace, de 1757, exemplaire de Le Tellier de Courtavaux, avec la petite marque en bas et au revers des gravures, laquelle indique le premier tirage ; les Nouvelles de la Reine de Navarre, Berne 1780, avec les gravures de Dunker, sur les dessins de Frendenberg ; Corneille, Racine, Molière, Pascal, éditions elzéviriennes ; et autres livres de bon goût. La plupart de ces livres viennent du Royaume-Uni où M. Alcide Furby les collectionna à ses heures de repos (horæ subcesivæ), pendant le très-long séjour qu'il y fit sous l'Empire.

2° Les Dessins. Ici presque tout est de premier choix, et l'on y compte : Sept dessins de Puget, des plus beaux qu'il y ait ; une dizaine de dessins originaux de Rembrandt parmi lesquels le portrait de Rembrandt par lui-même, chef-d'œuvre ; trois merveilleux Boucher ; un Watteau, avec une ligne autographe du maître, rarissime chose ; un beau Pater ; deux ou trois Cüyp ; deux Paul Potter ; un William van de Velde ; un Berghem ; un Greuze, et tant d'autres magnifiques spécimens de Raphaël, Poussin, van Dyck et autres grands maîtres de toutes les écoles.

Comme appréciation générale, on peut dire que cette collection de dessins est à peu près sans rivale, attendu que ces dessins ne sont point informes mais presque tous assez terminés, sans pourtant l'être trop, pour y représenter la conception et l'exécution complète des maîtres.

3° La Galerie se compose d'environ 70 tableaux. On y remarque : un délicieux Hubert-Robert ; le Port de Rome, drôlement signé ; sur la tablette de la fontaine :

S. P. Q. R.

H. Robert, 1782 - pinxit à Choisy-le-Roy

Un portrait de jeune fille par Rembrandt, tableau que M. Ch. Blanc reconnaît comme le seul Rembrandt authentique en province, *vide* œuvre de Rembrandt, tome 2, page 452 ; deux van der Heyden, dont l'un avait appartenu à Érard ; un Peeter Neffs, den Auden ; un magnifique Henri Steenwyck le jeune, figures de Poelemburg ; le Port d'Amsterdam d'Abraham Storck ; un Berghem ; un Cüyp ; un petit Ruysdaël (Jacob) ; un petit Wouwerman (Philippe) ; un magnifique et grand tableau de Teniers (David, le fils) ; le fameux tableau de Michel Garnier, signé en toutes lettres et daté de 1791, que l'on nomme *le passage du ruisseau*, tableau tant de fois gravé et spécialement dans l'ouvrage du bibliophile Jacob sur le XVIIIᵐᵉ Siècle, et autres de Fragonard, Molinaër, H. Nauwingx maître aussi rare qu'Hobbema, etc, etc.

4° OBJETS D'ART. Il faudrait plus d'espace que nous n'en avons pour décrire chaque objet ; notons pourtant trois choses : un joli ameublement de salon Louis XVI ; quelques belles faïences italiennes ; et surtout la belle pendule *le jour et la nuit*, ayant appartenu à Napoléon Iᵉʳ et à Joséphine avant 1815, laquelle pendule décorait la salle à manger de la Malmaison.

Cette pendule repose sur un socle de vert antique ; les bronzes ainsi que les attributs de Napoléon Iᵉʳ y sont fort beaux, et les cuivres, on les dirait fouillés par Gouttières.

Église des PP. Jésuites. Quand on entre dans la *rue Félicien-David* par celle de ses extrémités qui se jette dans la rue Chastel, on aperçoit en face de soi une grandiose façade d'église, malheureusement inachevée dans sa partie supérieure. C'est l'église des PP. Jésuites, bâtie par eux en 1681 pour leur Collège Royal Bourbon dont ils avaient pris la direction en 1621.

Cette église, qui est un véritable monument, est un beau vaisseau d'ordre corinthien. Une galerie de tribunes à balustres domine les bas-côtés et double l'édifice en lui donnant une beauté architecturale de plus. Les pilastres cannelés de la grande nef supportent une frise richement sculptée comme tous les autres détails de la nef.

Comme objets remarquables il convient de signaler le **maître autel** en beau marbre et parfaitement approprié au style de l'édifice. Il est moderne et, malgré sa valeur, il ne remplace pas, pour la délicatesse des sculptures et la beauté des marbres, l'autel primitif qui décore, depuis la Révolution, l'église paroissiale de Pertuis ;

La **chaire** en bois sculpté d'une grande richesse et d'un effet monumental. Le pourtour extérieur de la tribune est orné de médaillons représentant en bas-relief *S. Ignace à Manrèze* écrivant la règle de la Compagnie sous la dictée de la Ste Vierge ; l'*Apostolat de S. François-Xavier* et la *Prédication de S. Jean-François Regis.* Le rétable porte une figure du *Christ enseignant* soutenu par les trois Vertus Théologales. Enfin un gracieux abat-voix domine le monument et le complète en s'élançant jusqu'aux galeries latérales.

En fait de toiles nous n'avons guère à signaler que le *S. Louis en prière* qui décore le fond de l'abside et un *S. François-Xavier baptisant les infidèles*, dans le bas-côté de gauche.

Comme l'église des Oblats et celle des Capucins, le beau monument dont nous parlons est fermé depuis l'exécution des décrets que l'on sait. « Si des Israélites ou des Musulmans l'achetaient pour le convertir en synagogue ou en mosquée, disait, il y a un demi siècle, l'éminent auteur des *Rues d'Aix*, nul doute qu'ils ne fussent autorisés à l'ouvrir en vertu de l'article portant que chacun professe sa religion avec une égale liberté et obtient pour son culte la même liberté. Mais des Jésuites !... fi donc ! »

Hélas ! qu'aurait dit Roux-Alphéran dans sa fière indignation d'historien Aixois, s'il eut vécu en l'an de grâce et de liberté 1885 ?

Nous finirons quand même par le mot d'un autre digne historien de notre cité, le bon M. Porte, dans son *Aix ancien et moderne*. Oui, malgré la profonde misère des temps et la décadence peut-être irrémédiable de notre pays, « nous formons des vœux ardents pour que cet édifice, qui est le plus élégant monument de ce genre, à Aix, soit rendu au culte. »

Les bâtiments de l'ancien Collège Royal-Bourbon, qui s'étendent au midi de l'église et forment l'île comprise entre les rues Lacépède, du Collège (qui tire son nom de cet ancien établissement) et des Jardins, servaient avant l'expulsion de résidence aux PP. Jésuites et à leur scolasticat ; ils sont aujourd'hui occupés par la maison centrale des Frères des Écoles Chrétiennes.

L'église des PP. Oblats, communément appelée église de **la Mission**, s'élève sur la *place des Carmélites*, à l'extrémité orientale du Cours. C'est en effet pour les Filles du Carmel que ce sanctuaire et le couvent adjacent furent bâtis à l'origine, c'est-à-dire en 1695. Les Carmélites y ont habité jusqu'à la grande Révolution.

L'église, exhaussée d'un grand perron au dessus du sol de la place, affecte la forme d'une croix grecque ; elle est d'ordre corinthien. La coupole présente cette singularité remarquable qu'elle est ovale et dominée par une lanterne de même forme. Dans le pan coupé des piliers qui supportent le dôme on aperçoit quatre grandes statues enfermées dans leurs niches : *S. Jean de la Croix* et *S. Roch*, *S. Jean l'Évangéliste* et *S. Charles Borromée*. La coupole est peinte en grisaille ; les médaillons des quatre Évangélistes en décorent les pendentifs. Deux autels latéraux s'élèvent au fond des bras du transept. Celui de droite est surmonté d'une grande toile représentant l'*Apothéose de S. Alphonse de Ligori*, celui de gauche, d'un tableau infiniment supérieur, une *Ste Thérèse*, du Gurchin.

Deux autres tableaux, une *Résurrection du fils de la veuve de Naïm* et une *Multiplication des pains* décorent les murs latéraux du bras de la croix qui sert d'entrée.

Le maître-autel, placé sous une grande arcade ouverte, sépare le sanctuaire du chœur des religieux dans lequel on remarque la galerie des douze Apôtres peints sur toile, en tableaux de petite dimension.

Nous aurions dû employer uniquement l'imparfait à la

place du présent en nous adressant au visiteur qui serait tenté de visiter cette église ; car il y a six ans qu'elle est sous les scellés au ... d... ...uvernement libéral qui nous fait l'honneur de nous a....... rer. Quoique reconnue d'utilité publique et devenue ... cursale par ordonnance du roi en date de 1826, la cha...elle de la Mission, berceau de cette zélée Congrégation des Oblats de Marie, qui fut fondée par un illustre aixois, Mgr de Mazenod et qui s'est couverte de la gloire de l'apostolat dans le monde entier, n'a pu trouver grâce devant les crocheteurs ; espérons qu'une ère meilleure la rouvrira bientôt à ceux qui estiment que la liberté de prier Dieu passe avant toutes les autres.

Ecole nationale de Musique, tel est aujourd'hui le nom qu'a pris l'ancien *Conservatoire de Musique* inauguré en mars 1856. Cet établissement qui n'avait au début qu'un petit nombre d'élèves, a pris bientôt de l'extension et a justifié son existence par le goût des aixois pour la musique. Ecole communale d'abord, elle a été ensuite classée parmi les écoles de l'Etat et reçoit aujourd'hui comme subvention, de la commune 5 à 6 mille francs par an le gouvernement de son côté alloue environ 2,000 fr. plus les instruments nécessaires aux progrès de la musique. Elle est composée de huit classes, savoir : deux de solfège ; deux de violon ; une de violoncelle ; une de clarinette ; une de flutte, hautbois et basson et une pour les instruments en cuivre. Grâce à cette école notre Théâtre peut avoir des musiciens pour les représentations d'opéras, professeurs et élèves en forment l'orchestre.

Sa **Bibliothèque musicale** est une des plus importantes de province, en outre des solfèges et méthodes de chant et d'instrument à l'usage des élèves elle se compose d'environ 600 opéras avec la partition de chaque instrument, beaucoup même ont l'accompagnement de piano, le tout du répertoire ancien et moderne. On peut citer comme rareté le *Devin du village*, de J.-J. Rousseau. La musique de concert y est également nombreuse. Cette bibliothèque offre une puissante ressource aux Directeurs du Théâtre d'Aix, car ils y trouvent moyennant une rétribution peu élevée les partitions nécessaires à leurs représentations, avantage que beaucoup de ville ne peuvent leur offrir.

Voici la désignation sommaire des auteurs dont elle possède les œuvres :

Auber, Adam, Bochsa, Batton, Bach J.-C., Berton, Boieldieu, Cherubini, Cimarosa, Clapisson, Carafa, Champein, Castil-Blaze, Dalayrac, Devienne, Duval, Donisetti, Doche, Della-Maria, Dezède, Duni, Fétis, Flotow, Gresnick, Guenée, Gluck, Gomis, Grétry, Gaveaux, Grisar, S. Gay, Halévy, Hérold, Jadin, Kreutzer, Lemoyne, Lebrun, Maillart, Meyerbeer, Monsigny, Méhul, Massé, Nicolo, Pilati, Paër, Piccini, Paësiello, Prévost, Onslow, Rossini, J.-J. Rousseau, Spontini, Salièri, Sacchini, Solié, Steibelt, Trial, A. Thomas, Verdi, Vogel, Weber. Ces partitions ont été achetées, par la ville, en 1858 et augmentées, chaque année, par l'achat de nouveaux morceaux. Parmi les derniers ouvrages achetés se trouvent : *les Noces de Jeannette*, *Galathée*, *les Dragons de Villars*, *Violetta*, *Rigoletto*, *Martha*, *l'Africaine*, *Faust*, *le Voyage en Chine*, *Lalla-Rouck*, etc.

En 1860, l'ancienne Société des Concerts fit don à cette bibliothèque de plus de 285 ouvrages, complets et incomplets, parmi lesquels figurent encore plusieurs partitions de : Auber, Ardisson, Berton, Boieldieu, J.-B. Bach, Blangini, Bigatti, Carafa, Cimarosa, Cherubini, Catel, Dalayrac, Devienne, Della-Maria, Gossec, Gaveau, Grétry, Gluck, Gresnick, Hérold, Halévy, Haydn avec *la Création* et ses symphonies, Jadin, Kreutzer, Lemoyne, Lesueur, Lebrun, Meyerbeer, Méhul, Martini, Mozart, Nicolo, Paër, Paësiello, Piccini, Plantade, Rigel, Rossini, Roux-Martin, Spontini, Sachini, Salieri, Steibelt, Vogel, Winter, Weber, Zingarelli, etc

En 1864, quelques membres de l'ancienne Société Philharmonique firent don à cette bibliothèque d'une collection d'ouvertures pour orchestre et du *Stabat-Mater* de Rossini. Le *Désert* et le *Christophe-Colomb* de F. David, furent achetés à la même époque. Signalons en passant une rareté qui se trouve à la Bibliothèque Méjanes et qui serait mieux placée dans celle de l'Ecole de Musique, c'est la partition manuscrite de la *Perle du Brésil* du même auteur, contenant en marge les additions, ratures et changements apportés à cette œuvre musicale avant son impression.

En 1863, par un don de Mme de Bourguignon de Fabregoules, cette bibliothèque fut augmentée d'une riche collection de musique classique en tous genres : études pour instruments à cordes, duos, trios, quatuors, quintetti et morceaux pour orchestre de : Beethoven, Mozart, Haydn, Krommer, Romberg, Lebel, Pleyel, Boccherini, Kreutzer, Viotti, Lamberg, Muntz-Berger, Moussini, Girault, Duport, Olivier, Aubert, Bréval, Cervetto, E. Guérin, C. Hockë, Triklir, Stiasny, Lée, Handel et quelques recueils de musique religieuse de Lully.

En 1880, la collection de M. Hermitte fut achetée pour être jointe à cette bibliothèque. Elle est composée de plus de 150 partitions pour orchestre ou piano et chant des auteurs déjà cités, auxquels il faut joindre : Abadie, Bazin, Bellini, Blaise, Chapelle, Chardini, Deshayes, Favart, Floquet, Gounod, Hermann, Laruette, Mme Louis, Lecocq, de Mereaux, Mermet, Mondonville, Monvel, Nargeot, Offenback, Philidor, Poise, de Propiac, Prudent, Rameau, Rodolphe, Sarti, etc., et d'une riche collection des œuvres classiques pour instruments à cordes de tous les auteurs anciens et modernes.

On doit y joindre encore quelques dons particuliers de M. l'abbé Charbonnier, M. Sylvestre, M. Baudry, M. Lapierre, etc.

Cette Bibliothèque peut être consultée et visitée, en s'adressant à M. Lapierre, directeur de l'Ecole Nationale de Musique, qui possède lui-même une bibliothèque particulière qu'il se plaît à communiquer aux artistes et amatours et qui renferme plusieurs ouvrages curieux et inédits.

L'enseignement de la musique, limité aux jeunes garçons a été étendu depuis l'année 1886 aux jeunes filles ; les cours pour ces dernières sont généralement professés dans l'après-midi.

Bibliothèque universitaire. Elle provient de la réunion, opérée en 1880, des ouvrages qui constituaient les bibliothèques des trois Facultés de Théologie, de Droit et des Lettres. Elle est installée aujourd'hui dans quatre vastes salles au premier étage de la Faculté de Droit. Le fonds primitif était déjà très-riche surtout en ancien droit et théologie ; augmenté par subsides réguliers et les crédits exceptionnels alloués par l'administration, il s'élève aujourd'hui à environ 25,000 volumes ; tenu au courant de toutes les publications nouvelles, alimenté par une centaine de revues et journaux, il complète admirablement le riche trésor de la Bibliothèque Méjanes.

Parmi les ouvrages de valeur que possède la bibliothèque universitaire, nous signalerons : un *Dioscoride*, édition de Cologne de 1529 ; un *Ange Politien* édité à Bergame par Lerossi ; un *Essai sur Swift*, par Cranfurd, in-4° grandes marges, rarissime ; un Helyot, *Ordres monastiques*, édition originale avec les costumes, très recherchée ; les grands recueils juridiques et théologiques tels que l'*Oceanus juris*, les *Acta sanctorum* ; toutes les éditions savantes des classiques grecs et latins ; la collection complète des thèses de doctorat en droit et ès-lettres des Facultés de France ; enfin une magnifique collection de thèses de doctorat provenant des principales universités d'Allemagne, d'Angleterre, de Hollande dûe au service des échanges internationaux.

Bibliothèque de l'Ordre des Avocats, au Palais de Justice. Fondée en vertu d'une décision du Conseil de l'Ordre, prise le 16 novembre 1844, la bibliothèque occupe une grande salle de l'entresol du Palais, côté gauche, et est précédée d'une salle qu'ornent des portraits d'anciens avocats et d'un vaste vestiaire servant d'antichambre.

Les 3,000 volumes qui la composent actuellement, se rapportent presque exclusivement au droit et sont renfermés dans des hautes vitrines. Un cartouche sur chacune indique la division de la science à laquelle appartiennent les ouvrages. On y lit la classification suivante : Droit ancien, provençal, international, civil, commercial et maritime, administratif, pénal et procédure civile.

Les collections de Droit Ancien et Provençal, sont très remarquables, contiennent plus de 700 volumes parmi lesquels des manuscrits de nos grands avocats de Provence.

Les publications périodiques *(Moniteur* et *Journal Officiel, Dalloz, Palais, Lois et Décrets, Sirey, Gazette des Tribunaux,* etc.) en forment près de 800.

L'Ordre qui en 1844, vota 1,200 fr. pour la fondation, a eu depuis à dépenser des sommes plus considérables, et consacre annuellement une forte partie de son budget aux acquisitions, abonnements et reliures, mais de nombreux dons de ses membres, notamment celui d'une bibliothèque spéciale du vieux droit par la famille de l'ancien doyen et bâtonnier Bernard, et des envois gracieux de l'administration judiciaire ont aussi contribué à enrichir cette bibliothèque qui est très assidument fréquentée non seulement par les avocats, mais encore par les magistrats qui y sont reçus comme des membres de la famille, et un bibliothécaire obligeant met immédiatement à la disposition de tous les ouvrages demandés.

Bibliothèque des bons livres, *rue de l'Opéra, 20.* L'Œuvre des bons livres a été fondée en 1835 par des ecclésiastiques et des personnes dévouées, et elle a été érigée en Association pieuse par ordonnance de Mᵍʳ Bernet, archevêque d'Aix, en date du 17 février 1837.

Cette Bibliothèque, ainsi que son titre l'indique, se compose uniquement de bons livres. Son but est de combattre l'impiété, en opposant aux écrits irréligieux, des livres pleins d'une saine doctrine ; de conserver les mœurs, en opposant aux livres corrompus, des livres qui ne respirent que la morale la plus pure; de faciliter l'instruction, en ménageant aux familles et aux individus, des lectures saines, variées et agréables.

Depuis plus de 50 ans déjà, cette bibliothèque poursuit ainsi la mission qu'elle s'est imposée, en fournissant gratuitement aux classes populaires des ouvrages moraux et religieux, et le nombre de lecteurs et de lectrices qui croit d'année en année témoigne de la réalité et de l'étendue des besoins auxquels répond son existence.

En présence de cet heureux résultat, la Commission a donné à la Bibliothèque des Bons Livres de nouvelles garanties de succès en la développant et la complétant : On a créé, en effet, à côté d'elle et dans le même local, une bibliothèque annexe particulièrement destinée à des souscripteurs ou abonnés payants qui, par leur cotisation, ont permis l'achat d'ouvrages plus littéraires, plus instructifs, plus choisis et mieux en harmonie avec leurs goûts ou leur position sociale. On a comblé ainsi une lacune regrettable, en même temps qu'on a créé pour la bibliothèque un moyen assuré de conservation et de renouvellement : car les ouvrages achetés du produit des souscriptions, après avoir servi aux abonnés, passent successivement dans les rayons destinés aux autres classes de lecteurs.

A cette ressource, viennent se joindre des dons purement volontaires et une quête qui se fait chaque année, pendant le Carême, dans toutes les paroisses de la ville.

La Bibliothèque des Bons Livres possède environ 15,000 volumes. La distribution a lieu deux fois par semaine, savoir :

1° Le lundi, de 1 h. à 3 h. pour les abonnés entièrement gratuits qui sont inscrits comme lecteurs sur la simple production d'un certificat de leur curé ou de leur confesseur;

2° Le mercredi, aux mêmes heures, pour les abonnés payants, dont la cotisation est de 1 fr. par mois ou 10 fr. par an.

Bibliothèque populaire. La bibliothèque populaire d'Aix a été fondée en 1878 par une société privée dans le but de répandre le gout de la lecture et la connaissance des bons auteurs.

Elle est régie, conformément à son règlement et à ses statuts, par un conseil d'administration élu par l'assemblée générale des sociétaires. Un comité spécial décide des achats et détermine les conditions, dans lesquelles ces ouvrages acquis doivent être mis en lecture.

Les volumes, actuellement au nombre de plus de 2,500, sont prêtés pour quinze jours, moyennant une modeste rétribution de cinq centimes. Trois séances de distribution doivent être à cet effet règlementairement tenues par semaine. Un administrateur les préside, il décide s'il convient de remettre l'ouvrage demandé, il cherche à diriger le lecteur dans ses choix et à lui inspirer le gout des lectures sérieuses et utiles. Le nombre des prêts atteint actuellement une moyenne annuelle de huit mille et peut être reparti dans les proportions suivantes : Romans, 50 %; Littérature, 20 %; Voyages, 20 %; Histoire, 7 % et Sciences, 3 %. Les ouvrages les plus demandés ont été ceux de : Alexandre Dumas, Jules Verne, Mayne-Reid, Victor Hugo, Achard, About, Chevalier, Clémence Robert, Henri Martin, Thiers, Michelet, Cooper, Walter-Scott, George-Sand, Georges Ohnet, Octave Feuillet.

Chez **M. Rousset**, Conseiller à la Cour, *rue Roux-Alphéran, 17*, nous citerons :

Tête de Christ, sur albatre, de 27 centimètres de largeur sur 31 centimètres de hauteur, attribuée à Léonard de Vinci et en tout semblable à la Tête de Christ de Léonard de Vinci du cabinet de Berlin, sauf que cette dernière est entourée de rayons.— *Flagellation du Christ*, sur bois, de 31 centimètres de hauteur sur 47 centimètres de largeur. Ce tableau très bien conservé, d'une remarquable facture et d'un coloris non moins remarquable, représente, au centre, la flagellation, et à droite, le Christ succombant sous le poids de sa croix ; M. Mitchiels, l'auteur de l'ouvrage concernant les peintres flamands et hollandais, a attribué sans hésitation ce tableau à Aartzen dit le Long. — 2 tableaux sur bois attribués à Goltzius ou à son école, de 40 centimètres de hauteur sur 60 centimètres de largeur, l'un de ces tableaux représente *un roi oriental sur son trône écoutant un prophète ou un orateur*, d'un type étrange ; le second représente des *prisonniers enchaînés* implorant leur grâce d'un prince sur son trône entouré de ses gardes et officiers, riche coloris, les fonds un peu sacrifiés. — *Une Marine*, de Henri ou de Joseph Vernet, de 40 centimètres de hauteur sur 53 centimètres de largeur. *Un Vase*, style Louis XIV, poterie d'Apt, ancien, d'un dessin très gracieux, hauteur de 50 à 60 centimètres. *Petit Vase de Sèvres* dépareillé, de 15 à 18 centimètres de hauteur. *Une théière et une boite à thé* en plomb niellé or, style Louis XV. *Une Commode Louis XV* en bois rose et palissandre, signée, avec cuivres ciselés. *Pendule Louis XV* en écaille verte et très beaux cuivres, de plus d'un mètre de hauteur y compris son support ou socle. *Une Glace Louis XV* en bois sculpté et doré, surmontée d'un prince assis sous un dais et ornée de chaque côté de têtes de mississipiennes, ce qui donnerait lieu de penser qu'elle est du temps de Law.

Chez **M. d'Ille**, on remarque :
Une Vierge en marbre portant sur le socle les Armoiries de la famille d'Ille, avec la date 1442. Portrait à l'huile de Melchior Gantelmi, écuyer tranchant de la reine Jeanne, en 1462. Portrait du Général J.-B. de Ganteaume d'Ille et de sa femme Catherine de Soucheiron, par l'aixois René Vialy, élève de Rigaud et peintre de la famille royale d'Espagne. Plusieurs tableaux de Guaspre Poussin, du Guerchin, etc.

La Collection de M. Coste, *rue Manuel*, 23, a été formée par feu M Coste, artiste peintre et amateur, qui avait réuni dans sa maison un très grand nombre d'objets d'art parmi lesquels il faut citer les toiles suivantes :

Lesueur, *Apothéoses des ordres religieux*, ce tableau a son pendant ; Salvator Rosa, *Une Bataille* ; Carlo Dolce, *Ste Cécile* et son pendant *Ste Rose* ; Bronzino, Portrait de *Diane de Poitiers* ; Theniers, *l'Enfant Jésus et St Jean* ; Poterneef, *Intérieur d'église* ; Vadeck, *Retour de chasse* ; Marato, *La Vierge* ; Paulembrouck, *Les Baigneurs dans une grotte* ; Jules Romain, *Bataille de Constantin* ; Le Poussin, *Education de Bacchus* ; Le Guide, *Scène mythologique* ; Peinturichio, *Le Mariage de la Vierge* ; Fra Bartholomeo, *La Vierge, l'Enfant Jésus et St Jean*. Deux tableaux de M. Clérian ainsi que des tableaux peints par M. Coste lui-même.

Parmi les peintures sur bois ou cuivre, citons : Jorist, *Adoration des Mages* ; Elzener, *St Jean prêchant dans le désert* ; des Tryptiques de plusieurs genres, et enfin un beau tableau bysantin de l'Ecole Grecque représentant le Père Éternel coiffé d'un chapeau de Poppe.

Le morceau le plus capital de cette collection est une faïence italienne représentant la Vierge, St Antoine, St Sébastien, St Martin et St François, les personnages sont de demi grandeur naturelle et forment trois pièces qui se réunissent.

Les diverses galeries contiennent aussi des poteries de tous les pays, des meubles italiens et un grand nombre de petits objets de tous les genres, trop nombreux pour être mentionnés ici et que le bon goût du propriétaire avait su collectionner.

Au moment où nous imprimons cette notice, cette collection est dispersée par suite du décès de son propriétaire.

Collection d'Estampes et Dessins. La collection formée par M. R^{ond} Ferrier, *rue Thiers, 11*, se distingue plutôt par la valeur que par le nombre des cartables. Elle est formée par un homme de goût artiste lui-même dans sa profession de joaillier, consacrant ses loisirs à collectionner des objets d'arts.

Parmi les Estampes anciennes et d'épreuves originales figurent :

Le Bouvier, gravé en 1636, par Claude Gellée dit Claude le Lorrain. *La descente de Croix*, gravée en 1639, par Rembrandt dont une autre épreuve se trouve au Musée d'Aix. *La foire de Gondreville*, gravée en 1615, par J. Callot. *Paysages* divers, gravés en 1690, par A. Waterlo. *Le portrait en pied de Louis XV*, gravé en 1723, par Pierre Drevet. *Le portrait de Guillaume de Vintimille*, ancien prélat à Aix, gravé en 1735 par Claude Drevet, pièce très rare et fort estimée. *La mise au tombeau*, gravée par Andrea Montegna, une des premières planches qui aient été faites sur métal car elle date de 1485, pièce des plus rares. *La vache qui p...*, gravé par N. Berghem en 1654, dont une épreuve se trouve au Musée d'Aix. *Une suite de chèvres, moutons et boucs*, gravés par le même auteur, même époque. *Le Charcutier*, petite pièce ronde d'un charmant effet de clair obscur, gravé en 1656 par V. Ostade. *La Sainte Face*, gravée d'un seul trait dont le départ commence par le bout du nez, gravé par Mellau en 1649. *Virgile suspendu dans un panier*, gravé en 1525 par Lucas de Leyde. *Les Chevaux de charrue*, gravé en 1645 par Paul Potter. *Un vaste paysage*, superbe épreuve, gravure ancienne ayant obtenu le grand prix de gravure à Londres, gravé par W. Woollet. *Le petit champ de blé*, gravé par Ruysdael en 1667. *La Femme parlant à son chien* gravé en 1653 par K. Dugardin. *Le Chasseur fortuné* et le *Rendez-vous de chasse*, deux pièces capitales gravées en 1750 par J.-P. Lebas. *Les 12 mois de l'Année* en douze pièces rondes du XVIme Siècle, gravées par A. Collaert. *Le Christ mort au milieu des Saintes Femmes* ou le *Christ de Caprarole*, dont la gravure a été faite sur une planche d'argent, gravé par Annibal Carrache en 1597. *Les Quatre Saisons*, d'après Lancret, gravées par J.-P. Lebas, N. Tardieu, G. Scotin, B. Audran. Une superbe épreuve de *La Bonne Mère*, d'après Fragonard, gravé par N. de Launay. *Le Joueur de hautbois et le por-*

trait, épreuves avant la lettre de J.-J. de Boissieu. Le *Retour de l'Enfant prodigue,* estampe coloriée à la main avant toutes lettres. *Messire Philibert Orry,* très belle épreuve d'après H. Rigaud, gravé par Lepicié. Enfin diverses autres estampes du XVIIme et XVIIIme Siècles.

Dans la gravure moderne nous signalerons diverses eaux-fortes [1] de Rousselle de Paris et Lucien Gautier, deux artistes dont le premier est mort à la fleur de l'âge et le deuxième, un aixois, qui a ouvert devant lui une belle carrière d'aqua-fortiste.

Dans le genre tout à fait local on remarque le *portrait de M. Boyer d'Eguilles,* gravé par Coelmans. Le *portrait de Jean Espariat,* gravé par Lantelme. Les deux *portraits de Louis de Valbelle et Joseph de Valbelle,* gravés par Cundier. Le *portrait de Fauris de St-Vincent,* gravé par Lantelme. Le *portrait de N. de Peyresc,* gravé par Vorsterman. Une collection assez complète des vues de Rome, Arles, Aix d'après Granet, dues au burin de notre compatriote Marius Reynaud.

En outre des cartables, le propriétaire possède des pièces originales, crayons, encres de Chine et peintures représentant des vues d'Aix et ses environs, toutes dues aux talents des Granet, Constantin, Reynaud, Combes, Coste, tous aixois. Ils ne sont plus, mais leurs œuvres survivent et seront toujours recherchées par les vrais amateurs.

Cette importante collection s'accroit chaque jour par des acquisitions nouvelles.

L'hôtel du marquis de Saporta, *n° 21 de la rue Grande-Horloge,* sépare l'ancien hôtel de Châteaurenard de celui où siège la Faculté des Lettres. Sa façade en pierre de taille, d'une ordonnance sobre, percée d'une enfilade de dix croisées au premier étage, surmonté seulement d'un second, se développe sur la place de l'Archevêché, dont elle occupe toute la largeur. Une porte cochère en arc surbaissé

---

1 Sur parchemin en premières épreuves.

donne accès latéralement dans la cour intérieure, limitée sur les côtés par des corps de logis ou avancements ; celui de droite contient le vestibule qui ouvre sur un escalier monumental, à rampe très douce.

Le marquis de Saporta tient cet hôtel de sa mère, héritière de la famille parlementaire des Boyer de Fonscolombe. Antérieurement et selon le témoignage de Roux-Alphéran (Rues d'Aix, I, p. 272), il avait appartenu, au milieu du XVIIme Siècle, à Charles de Grimaldi, marquis de Régusse. Plus tard, c'est-à-dire vers la fin du même siècle et jusque vers le milieu du siècle suivant, il a été certainement possédé par les Forbin-La Barben, dont le blason est reconnaissable, comme nous le dirons plus loin, au plafond d'une pièce dont la décoration remonte au règne de Louis XIV. Quoiqu'il en soit, l'hôtel fut acquis en 1743 de Claude-Palamède de Forbin, marquis de La Barben, par Honoré Boyer de Fonscolombe qui bâtit la façade principale et remania les appartements donnant sur cette façade pour y installer son fils aîné Jean-Baptiste-Laurent, qui venait d'épouser Jeanne-Marie d'Albert, fille d'un président au Parlement. Ce Jean-Baptiste-Laurent de Fonscolombe, trisaïeul maternel du marquis de Saporta actuel et dont celui-ci possède un très beau pastel par Arnuiphy, était lui-même un amateur distingué qui réunit à grands frais un riche cabinet de livres, de tableaux, médailles et objets d'art, dont quelques débris seulement sont restés à ses descendants, la plupart de ces objets ayant été vendus après sa mort arrivée en 1788. Il avait un frère, Jean-Baptiste Boyer, peintre et surtout miniaturiste ; les compositions de celui-ci ont été parfois attribuées à Vernet dont il affectait la manière par sa façon de disposer les paysages, surtout les vues de mer. Plusieurs de ces miniatures existent encore entre les mains de son arrière-petit-neveu, entr'autres trois scènes relatives au Parlement Maupeou, qui tournent en dérision les magistrats de la Cour des Comptes d'Aix, dont était formé ce Parlement.

Voici maintenant l'indication succinte des objets d'art,

tableaux et curiosités que l'hôtel du marquis de Saporta peut offrir aux visiteurs :

L'escalier conduit, au premier étage, dans une **galerie** dont le plafond, partagé transversalement en cinq compartiments successifs, donne lieu à autant de caissons à modillons dorés, avec palmettes et ornements peints ; chacun d'eux sert d'encadrement à un tableau. Les trois premiers sont de Jean Daret, peintre flammand, établi à Aix dans la première moitié du XVII⁽ᵐᵉ⁾ Siècle ; ils représentent des sujets mythologiques tirés de l'*Histoire de la pomme de Discorde* et disposés dans l'ordre suivant : Les *Noces de Thétis et de Pélée, le berger Pâris recevant la pomme, le jugement de Pâris*. De ces trois tableaux, le premier semble supérieur aux deux autres par le charme des figures et la chaleur du coloris. Les peintures des deux derniers compartiments ne sont pas sorties du même pinceau, bien qu'elles ne soient pas sans mérite : elles reproduisent des figures allégoriques entourées de rinceaux ou des sujets de la fable : parmi ceux-ci, on remarque *Persée vainqueur de Méduse* qui porte sur son bouclier l'écusson des Forbin, circonstance qui autorise à attribuer à cette famille la décoration primitive de cette salle dont la disposition et les ornements trahissent le goût régnant lors de Louis XIV.

Les Fonscolombe complétèrent plus tard la galerie : ce sont eux qui firent poser, dans la seconde moitié du XVIII⁽ᵐᵉ⁾ Siècle, les dessus de portes en bas-reliefs, très fins d'exécution, qui se rapportent à l'*histoire des amours de Psyché et de Cupidon*. Au fond de l'appartement, se dresse sur un piédestal cylindrique une reproduction, moulée sur l'antique, du célèbre groupe de Florence, l'*Amour et Psyché se tenant enlacés*. A l'autre bout, est appliquée une toile très correcte de dessin et signée de Gibelin qui représente *Cupidon se blessant lui-même*, avec cette inscription : *ipse me telo meo percuti*.

La galerie, par une double issue, donne accès dans deux appartements complets, l'un sur la cour, l'autre sur la rue.

Chacun d'eux est composé de trois pièces. Le premier remonte par sa décoration à la première moitié du XVIIIme Siècle : la **chambre à coucher**, précédée d'un **salon** auquel nous allons revenir, est tendue en damas rouge avec baguettes et moulures dorées ; elle est en outre en partie lambrissée avec rinceaux et arabesques, sculptées en plein bois et dorées, soit autour des glaces, soit contre les murs. Ce style est celui de la première des trois périodes artistiques du règne de Louis XV, celle qui suit immédiatement la Régence et devance le style plus maniéré et contourné dit Pompadour. Les moulures du salon attenant se rattachent à cette même période ; les dessus de portes et de cheminées ont pour sujets de peinture les *moments de la journée* : ce sont des amours qui se livrent au repos, aux amusements ou aux travaux des champs. Ce salon renferme une collection de tableaux, parmi lesquels nous citerons : *l'intérieur d'une pharmacie*, d'après David Téniers (copie du temps); le *Crucifiement*, par Franck-le-Vieux ; *l'intérieur d'un cabaret*, par Begga ; *Servante lutinée*, par Sckalken ; *Buveuse*, par Flinck, très chaude de ton et harmonieusement éclairée ; *paysages*, par David Téniers ; *Convoi de cavalerie*, peinture flammande très fine sur panneau ; *Groupe de baigneuses*, par Poelenburg, etc...

L'école française et particulièrement l'ancienne école d'Aix sont richement représentées. On doit signaler, parmi les portraits de famille, celui de Martin de Germain, trésorier-général de Provence, par Jean-Baptiste van Loo, très vigoureusement peint ; celui de Jacques Le Blanc de Castillon, seigneur de Valfère, par Cellony (1708), il est debout en cuirasse, la main appuyée contre un fragment de bas-relief ; celui de Jean-Baptiste Boyer de Fonscolombe, le miniaturiste-amateur, finement et spirituellement rendu par Arnulphy.

Parmi les tableaux de genre, nous signalerons: un *temps de pluie* et un *lever du jour à Tivoli*, par Chatelet ; un *clair de lune sur la mer*, par Joseph Vernet ; *ruines romaines*, par Panini, dont plusieurs ont été gravées ; *les quatre âges de la vie,* par Dandré-Bardon ; *la balayeuse* par le même ; *un feu d'artifice,* par Gibelin, etc...—Deux au moins des *quatre âges* ont été gravés par Balechou, selon le témoignage de M. Porte *(Aix ancien et moderne,* 2me édit. Aix, 1833. p. 76). Ces sujets et celui de la *balayeuse* furent peints pour M. de Fonscolombe.

L'énumération précédente n'épuise par la série des richesses artistiques que renferme cet hôtel ; si l'on veut en compléter la revue, il faut pénétrer dans le **salon principal** de l'appartement qui prend jour sur la rue. Très haut de plafond, ce salon tendu en damas rouge et dont les baguettes, les moulures et l'ameublement, encore intacts, remontent à 1744, époque où Honoré de Fonscolombe reconstruisit la façade de l'hôtel qu'il venait d'acquérir, a conservé son cartel, ses girandoles, en bronze doré style rocaille, et sur la cheminée, comme motif de milieu, un urne de faïence de la manufacture de Marseille, encore muni de son socle en bois doré. Les dessus de portes, de cheminée et de console de cette pièce, exécutés dans la façon de Boucher, personnifient les *arts et les sciences* au moyen d'amours qui se livrent à des occupations ou qui tiennent des emblèmes caractéristiques. On reconnaît la Poésie, l'Histoire, la Peinture, la Musique et l'Astronomie. A l'un des angles, s'élève sur un socle élégant le buste en marbre de Roch Boyer de Fonscolombe, ministre du roi Louis XV à Gênes, après avoir été chargé d'affaires auprès des cours de Vienne, de Dresde et du prince-évêque de Liège. Enfin, le panneau du fond est occupé par la *Vierge du Puget :* c'est une toile de grande dimension, raccordée même à l'aide d'une couture longitudinale, comme si l'artiste encore pauvre et ignoré n'avait pu s'en procurer une de la grandeur voulue et d'une seule pièce. La peinture fière et noble, savante bien qu'un peu solennelle, chaleureusement exécutée, soigneuse pourtant et travaillée jusque dans le détail des draperies et des moindres accessoires, décèle une main sûre et un pinceau exercé ; le faire rappelle sensiblement celui de Pierre de Cortone, le maître de Puget. On sait que le grand artiste hésita quelque temps entre la vocation de peintre et celle de sculpteur, carrières vers lesquelles il se sentait également entraîné. Le sculpture l'emporta, mais ce tableau de la Vierge date de l'époque où, jeune encore, Puget se croyait destiné à la grande peinture. Sa Vierge est à proprement parler une *Sainte Famille* ou mieux un *Repos en Égypte*. La mer apparaît dans le lointain ; une draperie attachée à un palmier forme une tente improvisée à l'ombre de laquelle la Vierge est assise, tenant debout sur ses genoux l'enfant Jésus à qui elle apprend à marcher et qu'elle protège contre une chute possible de l'une de ses mains jetée en avant par un mouvement plein de hardiesse. La tête de la Vierge a une expression toute particulière de beauté sereine et de dignité. L'éclat de ses yeux et la majesté de ses traits ont quelque chose de frappant. En arrière, se tient Saint Joseph, aux cheveux et à la barbe grisonnants, assis et lisant, la tête appuyée sur sa main, le bras accoudé sur une table de pierre. Sa figure austère, fine et méditative rappelle incontestablement par les traits celle de Pierre Puget qui n'a fait que se vieillir en reproduisant son propre visage. C'est là une tradition constante qui se confirme, lorsqu'on s'avise de comparer cette tête avec celle des bustes si connus du célèbre sculpteur.

La **chambre d'honneur** qui suit le salon est remarquable par les ciselures de ses cadres de glaces, par les moulures dorées des corniches et les dessus de portes dont les sujets sont empruntés aux fables de La Fontaine. En fait de tableaux, on voit dans cette pièce, outre un portrait de la marquise de Forbin, peinte en vestale par Arnulphy, une nichée d'amours personnifiant les Sciences, les Lettres et les Arts, qu'on attribuerait sans peine à Boucher, si la toile ne portait comme signature : *Blanchet pinxit Romæ*, un pastel de Bernard, etc...

La **riche collection de plantes fossiles**, réunie par les soins de M. le marquis de Saporta et dans laquelle une large part a été réservée à la flore locale des gypses d'Aix, se trouve placée au second étage de l'hôtel. Cette flore, explorée pendant plus de trente ans et dans un rayon de plusieurs kilomètres comprend aujourd'hui près de 400 espèces décrites. Après celle d'OEningen en Suisse, c'est maintenant la plus riche des flores fossiles dont on ait eu connaissance.

Hôtel de Grignan, *rue Goyrand, 17*. La dernière maison du côté des anciens remparts, qui appartient actuellement à Mme d'Agar, garde le souvenir historique de Pauline de Grignan, marquise de Simiane-Esparron, qui l'habita et y mourut en 1738, peu de mois après la publication des deux derniers volumes de la collection des lettres de Mme de Sévigné, sa grand-mère, que le chevalier de Perrin prit sur lui de livrer à l'impression « sans demander un dernier aveu » ou, pour parler plus nettement, en dépit des protestations émues de Mme de Simiane.

La maison que nous signalons a cela de particulier que, transmise par héritage dans la même descendance, elle a peu changé dans le cours d'un siècle et demi et qu'elle est restée, en ce qui concerne au moins les appartements du premier étage, dans le même état qu'au moment où la petite fille de la marquise de Sévigné, veuve de bonne heure et aux prises avec une situation de fortune embarassée, après en avoir fait l'acquisition, l'aménagea à sa convenance, en fixant à Aix son séjour définitif.

M. Alexandre de Périer qui a transmis cette maison à la propriétaire actuelle, la tenait de sa mère, fille elle-même d'une demoiselle de Villeneuve-Vence, femme du président Fauris de Saint-Vincens et petite-fille de Mme de Simiane. C'est ainsi qu'après Pauline de Grignan, les Villeneuve-Vence, puis les Saint-Vincens et enfin les Périer possédèrent cette maison. Les lettres de Mme de Simiane nous montrent celle-ci toute préoccupée d'en restaurer l'intérieur, et d'en décorer le premier étage. Pour cela, elle consulte son ami M. de Caumont qui lui envoie d'Avignon, où il réside, des conseils et des ouvriers. Ces ouvriers qui sculptent sur bois, qui moulent sur plâtre, qui dorent et appliquent des couleurs Mᵐᵉ de Simiane s'en plaint ; ils s'interrompent sans raison apparente ; ils s'échappent même ou courent les cabarets ; elle ne sait comment s'y prendre pour les gouverner. A côté d'eux, et à part, on remarque un jeune artiste, venu aussi d'Avignon, sur la recommandation de M. de Caumont ; il n'a pas vingt ans, mais il est déjà connu par ses heureuses dispositions : c'est Joseph Vernet qui doit peindre les dessus de portes et dont Mᵐᵉ de Simiane n'a qu'à se louer. Cependant l'ouvrage marche ; il est presque achevé ; mais un dernier panneau sculpté manque de motif de milieu. Les ouvriers en ont proposé un beaucoup trop lourd, au gré de Mᵐᵉ de Simiane. Elle insiste auprès de M. de Caumont pour qu'il en choisisse un autre ; mais pendant la délibération, les ouvriers impatientés ont disparu et le panneau reste vide ; il l'est encore.

Mᵐᵉ de Simiane, femme de tête, s'il en fut, calcule alors ce qu'elle a dépensé en embellissements, plus de cinquante mille francs ; elle s'arrête et renvoie à plus tard le complément de ses travaux ; elle veut jouir de ce qu'elle a entrepris et de la société choisie admise dans cet intérieur, créé selon ses goûts. Mais la mort est là et Pauline disparait rapidement, encore jeune et surtout aimable, pleine de cœur autant que d'esprit.—Ce sont là les souvenirs dont cette maison est toute imprégnée : l'escalier pourtant a perdu son caractère, lorsque récemment une rampe en fer sans aucun cachet remplaça les balustres de pierre, lourds mais imposants, de l'époque. Arrivé au premier, on pénètre dans une antichambre dont les moulures très simples retracent au dessus de la cheminée l'écusson des Villeneuve. De cette pièce on passe au salon que le temps a presque entièrement respecté. Il est allongé perpendiculairement à la façade, assez grand, mais surtout conçu dans d'heureuses proportions. L'entrée a lieu par le fond, à l'aide de deux portes collatérales pratiquées dans les angles qui sont ceintrés, de même que les battants et les trumeaux qui les surmontent. Cette disposition très caractéristique a nécessité l'établissement d'un tambour séparant cette pièce de celle dont elle est précédée. Les murs sont tendus en damas rouge. Les moulures dorées qui encadrent le plafond et les dessus de portes sont formées de rinceaux qui se combinent selon le goût du temps, avec des mascarons et des chimères qui rampent parmi les feuillages.

Les deux principaux tableaux servant de dessus de portes et dus au pinceau du jeune Vernet, représentent l'un *la fontaine de Vaucluse*, l'autre *l'intérieur des arènes d'Arles*. Ces peintures sont chaudes, pleine de vie et de mouvement. Des panneaux en bois sculptés et à ornements dorés occupent, des deux côtés, l'intervalle qui sépare les portes latérales, de la cheminée, d'une part, de la tenture de l'autre.

Un petit salon ou parloir est attenant au salon principal dont nous venons de parler et qui communique avec la chambre à coucher de Mme de Simiane, contiguë elle-même à un boudoir ou cabinet de toilette : telle est l'ordonnance. La salle à manger des grands jours était située au rez-de-chaussée, dont les murs sont actuellement recouverts par les portraits de famille des anciens Périer. Plusieurs de ces tableaux, bien que remontant au siècle dernier ou même au précédent ne sont pas authentiques, c'est-à-dire qu'ils ne sont pas contemporains des personnages figurés, qui ont été peints de souvenir. Cette mode régna au XVIIme Siècle : on complétait ainsi toute une série d'aïeux ; les noms étaient réels, mais les figures étaient rendues approximativement, de même que les costumes. Dans cette longue suite de peintures, une seule a droit à l'attention du visiteur : c'est celle qui représente Mme de Vence, apprenant à lire à ses deux filles, dont l'une fut la présidente de Saint-Vincens et l'autre la marquise de Villeneuve-Flayosc. Cependant cette toile ne paraît être qu'une répétition du temps d'un original souvent signalé. Celui-ci est peut-être resté dans la famille de Villeneuve-Vence dont la postérité masculine est d'ailleurs éteinte.

Hôtel de Valori, *place du Quatre-Septembre, 18,* appartient actuellement à M. Lanéry d'Arc.—Par sa mère, M. Lanéry d'Arc est l'un des petits neveux de Jean de Jullienne, le fameux amateur du XVIIIme Siècle, propriétaire et fondateur des Gobelins, membre de l'Académie de Peinture et de Sculpture, Chevalier des Ordres du Roi. C'est à cet amateur distingué que l'on doit l' *Œuvre gravée par Watteau,* collection de magnifiques estampes faites aux frais de M. de Jullienne dont on ne connaît malheureusement plus aujourd'hui que deux exemplaires complets l'un à l'Académie des Beaux-Arts, l'autre à la Bibliothèque de l'Arsenal. On connaît en outre un grand nombre de gravures à lui dédiées, nous en trouvons plusieurs à l'hôtel de Valori. Sa collection de tableaux était une des plus belles du monde entier. Le catalogue qui en fut édité en 1767, chez Vente et chez Julliot, ne compte pas moins de 396 pages. Un grand nombre de ses tableaux ont été gravés, nous trouvons aussi à l'hôtel de Valori plusieurs estampes dédiées à Jean de Jullienne. (Voir Charles Blanc ; Clément de Ris, les amateurs d'autrefois ; le nécrologe des hommes célèbres, article de Montullé ; Gazette des Beaux-Arts ; Magasin Pittoresque, etc...)

M. Edouard de Jullienne, avait hérité des goûts artistiques de son grand-oncle, et son atelier renfermait plusieurs belles études. Un de ses beaux-frères Consul Général de France à Barcelone [1], lui avait envoyé plusieurs tableaux des maîtres espagnols, et une foule d'objets d'art ; entre autres une épée du roi Louis XV, une selle ayant appartenu à Abd-el-Kader, et l'épée du capitaine Buonaparte, ces der-

---

[1] M. Gauttier d'Arc un de nos orientalistes distingués qui nous a laissé plusieurs ouvrages de littérature et d'histoire appréciés, fut consul général de France en cette ville. C'est à sa fermeté et à son énergie que lors des troubles de 1840 nos nationaux durent leur salut.

niers objets figurent aujourd'hui au Musée des Souverains auquel ils ont été offert par M. de Jullienne.

Nous trouvons chez M. Lanéry d'Arc, des armes, des statues, des bustes de Ferrat, de Cabuchet, etc..., un grand nombre de tableaux des écoles hollandaise, française, italienne et espagnole ; plusieurs toiles du Dominiquin, de Carrache, de Vanni, de Lippi, de Ribeyra, de Zurbaran, Conchillos, Quinsac, Largilière, Géricault, et aussi de nos peintres provençaux : Arnulphi, Constantin, Chavet, Estachon, Richaud, Granet, Grézy...., à noter une épée de cour du roi Louis XV. (Voir les divers ouvrages du M" de Chennevières).

Le cabinet de M. Lanéry d'Arc renferme un grand nombre de livres, estampes, émaux, statuettes relatifs à Jeanne d'Arc, et sa bibliothèque est une des plus complètes sur ce sujet.

M. Lanéric d'Arc est membre de la Société Archéologique de l'Orléanais laquelle possède à Orléans un musée, unique en son genre, consacré exclusivement à tout ce qui traite de sa glorieuse libératrice.

Histoire Naturelle. — Nous devons placer en première ligne le cabinet de M. le docteur Chabrier, *rue Thiers*, 2. Le nombre, la variété et la rareté des espèces qu'il possède ferait certainement envie à plus d'une ville. Il a été formé par son père M. *Hubert Chabrier* qui a consacré plus de 70 ans de sa vie à la formation de ses diverses collections ; on dirait que la Providence en lui donnant de longs jours (il est décédé à 94 ans) et une santé robuste, avait voulu lui permettre de former la collection la plus complète et la plus rare qu'on puisse avoir dans le genre des études auxquelles se livrait cet intrépide naturaliste.

Avant de décrire la désignation sommaire de son cabinet, citons quelques passages de la nécrologie que la *Revue entomologique* publia après son décès :

« Il vient de mourir à Aix-en-Provence, des suites d'une néphrite hémorrhagique, un viel entomologiste, M. Jean-Hubert Chabrier, qui pendant plus de 70 ans, s'était occupé avec passion de la recherche des insectes.

» Il était né le 3 mai 1794. Son père, livré lui-même à des études d'entomologie et de géologie, avait laissé une collection de Lépidoptères d'Europe, enrichie par ses relations avec des correspondants étrangers, ce qui à l'époque était une bonne fortune ; aussi, le fils eut-il peu à faire pour se mettre au courant de la science entomologique. Il fut de plus aidé, par quelques jeunes gens de son âge qui étaient alors étudiants en médecine à Montpellier, avec lesquels il se lia d'une étroite amitié, et dont la fréquentation lui procura les éléments d'une éducation scientifique qu'il sut mettre à profit. Doué d'ailleurs d'un caractère excellent, il s'attira bientôt l'estime d'une société choisie, dans laquelle on distinguait Marcel de Serres, élève puis plus tard professeur de la Faculté des Sciences ; Duval, qui fut professeur de botanique et Viguier, agrégé à l'Ecole de Médecine. C'est aux leçons de botanique de de Candolle et au milieu d'une pléiade de savants et d'infatigables chercheurs que possédait Montpellier qu'il put acquérir ces notions qui le guidèrent plus tard dans ses recherches. Bientôt même il ne se borna plus à l'ordre des Lépidoptères, mais étudia tous les ordres d'insectes européens et exotiques, y joignant la classe des Arachnides, et jusqu'à la faune malacologique locale qu'il fit progresser en ses dernières années d'une manière considérable.

» N'ayant qu'une petite fortune, mais aussi patient que passionné, il apprit de bonne heure à suppléer par des recherches continues et par un travail de tous les jours aux moyens faciles que donne la richesse de se procurer les espèces rares, et celles-ci n'ont cessé jusqu'à la fin d'augmenter sa collection.

» Nul mieux que lui ne savait préparer un Lépidoptère, en donnant une attitude naturelle à l'insecte qui devait entrer dans ses cartons ; habile chercheur, il avait exploré les environs de Montpellier jusqu'aux recoins, les bords de la mer, la plaine comme les hauteurs, tous les doubles de ses captures, et ils étaient nombreux, servaient à des échanges avec la Russie, l'Angleterre, l'Allemagne et le Nouveau-Monde.

» La recherche des chenilles, qu'aidaient ses connaissances botaniques, avec l'élevage des larves, lui apportaient un appoint des meilleurs pour les échanges. Favorisé du reste par la région qu'il habitait, où sont localisés tant d'espèces, il apportait à l'éducation des chenilles une véritable passion et en était arrivé à connaître jusqu'au temps précis d'éclosion d'une foule de papillons que possède le Midi.—Je l'avais surpris bien des fois surveillant les éclosions des chrysalides, et c'est à toute heure du jour ou de la nuit qu'il épiait le moment où le maillot informe dont il avait élevé la chenille ou la larve allait le récompenser de ses peines en donnant le jour à un rare Lépidoptère ou à un Coléoptère précieux...... »

Ajoutons à ce qu'on vient de lire, que les dernières années de la vie de M. Hubert Chabrier se sont écoulées à Aix-en-Provence, les environs de la ville lui étaient tous connus et c'est surtout dans le quartier de la Tour de la Keyrié qu'il dirigeait ses pas et il n'en est jamais revenu sans un bagage assez important.

Voici maintenant le catalogue :

Entomologie. Comprenant toute la série des *invertébrés* moins les Annélides et les Entozoaires.

Lépidoptères. *Papillons d'Europe* formant une collection spéciale, renfermée dans 166 boîtes et ne comprenant pas moins de 2,500 espèces appartenant aux genres : Papillo ; Pieris vanessa ; Polyomates ; Satyres ; Sphinx ; Noctues ; Noctuelles ; etc., etc.

Papillons exotiques formant une autre collection d'environ 1,500 espèces des plus beaux sujets de l'entomologie asiatique, africaine et américaine.

Coléoptères. L'ensemble de cette collection ne contient

pas moins de 16,000 sujets d'insectes européens et exotiques de tous les genres et principalement les Carabiques ; Buprestes ; Cycindèles ; Cyprins ; Scarabées ; Cétoines ; Longicornes ; etc., etc.

Rhipiptères ; Diptères et Névroptères renfermés dans 50 boîtes et contenant 2,500 espèces.

Arachnides ; Sauterelles ; Scorpions et Crillons, 500 espèces.

Conchyliologie. *Coquilles terrestres et fluviatiles* des plus beaux genres européens et exotiques, notamment : les Hélix ; les Bulimes ; les Ampullaires, etc., etc.

Coquilles marines. Cette collection est des plus belles car elle renferme les genres Cyterea ; Pholades ; Unio ; Cardium ; Mytilus ; Pinna ; Perten ; Ostrea ; Patella ; Trochus ; Murex ; Strombus ; Ptérocères ; Harpes ; Cyprea cones et olive.

L'ensemble de la Conchyliologie forme un total de plus de 5,000 espèces et contient en outre une collection spéciale de genres d'environ 500 sujets.

Nous citerons ensuite un **petit cabinet** composé de deux branches d'histoire naturelle. C'est celui de M. V^{er} Achard, négociant en huile, *rue du Mouton, 18*, qui consacre ses moments de loisirs à l'étude de la Botanique et à celle de la Conchyliologie.

Son **herbier** qui est un don de M. J. Achintre et dont le collaborateur a été M. de Fonvert ; deux érudits ayant herborisé plus de quarante ans, dont nous parlons plus loin. Cet herbier comprend plus de 4,500 espèces : la flore des environs d'Aix à elle seule en compte plus de quinze cents ; le restant est le résultat des voyages ou des échanges que les nombreux correspondants des deux savants ont reçu de divers points du territoire français.

Cet herbier est mis à la disposition de tous ceux que cette étude peut intéresser.

La collection de Conchyliologie renferme environ 2,000 espèces que M. Achard a mis 20 ans à se procurer : elle comprend des coquilles marines, fluviatiles et terrestres, dont quelques unes assez rares et d'autres assez jolies : la classification adoptée est celle de Lamarck.

Un catalogue est mis à la disposition des amateurs qui lui font l'honneur d'une visite, et si l'on y trouve quelques espèces doubles pouvant intéresser les amis de cette branche d'histoire naturelle, le propriétaire entre volontiers en rapports pour faire des échanges, et par là augmenter sa collection, comme aussi pouvant offrir à ses confrères des espèces qu'ils ne possèdent pas.

Musée d'histoire naturelle d'Aix au 1er étage de l'Hôtel-de-Ville, visible tous les jeudis de 1 heure à 3.

Ce Musée créé par quelques achats et par des dons de généreux citoyens comprend un très grand nombre de roches renfermées dans 20 grandes vitrines. La *Minéralogie et la Géologie* forment la partie la plus importante de ce Musée. On y voit les *fossiles* des environs d'Aix, de l'*Entomologie* dans tous les genres.

Une collection curieuse d'*Oiseaux exotiques* provenant de Cayenne, due à la générosité de M. le docteur Jules Roux-Martin. Des *Papillons* et des *Coléoptères* don de M. Martin fils.

Nombre de *fossiles* des bords de l'étang dus à M. Louis Salle de Marseille, *coquilles* terrestres et fluviatiles provenant du don de M. Jaume ainsi que de celui de M. Coulet des Martigues. Une collection d'*oiseaux* de toutes espèces et diverses raretés acquises à la succession de M. Carle.

Enfin un énorme poisson-scie, des coquilles marines, des armes indiennes, etc., etc.

Une collection digne de remarque et très utile pour l'enseignement de la Botanique, c'est l'**herbier** de MM. Achintre et de Fonvert, 12 cartables contenant environ 2,000 plantes toutes classées par genre et famille. Le catalogue de ces plantes qu'on nomme Vasculaires et qui forme en réalité la flore des environs d'Aix, se vend à la librairie Makaire, 2 fr. 50. Il contient les noms vulgaires, les noms provençaux et enfin les noms scientifiques de ces diverses plantes, l'époque de leur floraison et les lieux où on les trouve.

Chapelle de Saint-Vincent-de-Paul. La communauté des Filles de la Charité occupe l'hôtel de Venel, dans la rue de ce nom. Nous avons peu de chose à dire de leur chapelle, qui est toute moderne et qui ne se recommande que par son caractère gracieux.

L'édifice de style gothique, avec une abside polychromée, se termine par une belle niche à jour au milieu de laquelle on aperçoit une statue de Marie Immaculée, entourée de nuages.

Quant à la maison, elle garde encore quelques souvenirs du fameux conseiller de Venel dont le talent de mystificateur est resté légendaire à Aix. Si l'on ne retrouve plus la chambre au lit mobile du haut duquel les hôtes de M. de Venel faisaient involontairement le saut périlleux, ou celle aux fenêtres murées dans laquelle les malheureux passants ne voyaient jamais le jour se lever [1], on aperçoit encore, dans certains plafonds, les vestiges du luxe qui régnait en cette belle demeure. L'ancien boudoir, qui sert aujourd'hui de vestibule à la tribune de la chapelle, a sa voûte décorée de guirlandes de fleurs parmi lesquelles on voit des amours se jouer. Dans la salle contiguë, qui est pavée en moëllons de faïence décorée, le plafond représente *Jupiter foudroyant les Titons*.

[1] On raconte que M. de Venel offrit un jour l'hospitalité à deux capucins. Le lit qu'il leur donna était disposé de manière à être enlevé jusqu'au plafond. Pendant la nuit, les deux enfants de S. François, ayant besoin de quitter un instant leur couche, firent un saut formidable, ne retrouvèrent plus leur lit et furent fort étonnés, après avoir couché sur des chaises, de le voir, le lendemain matin, à sa place.
Une autre victime de M. de Venel fut ce jeune homme qui reçut pour appartement la chambre aux fenêtres murées. Le lendemain, à son réveil, il appelle ; un laquais paraît, un flambeau à la main et lui dit qu'il n'est pas encore minuit. Impatience et nouveaux appels du jeune homme qui reçoit toujours une réponse analogue. A la fin, celui-ci, complètement ahuri de la longueur des nuits à Aix, demanda à sortir quand même et son étonnement redouble, quand il trouve dans les rues les lanternes allumées. La mystification avait duré 24 heures.

La chapelle des Ursulines. Vers le milieu de la ligne orientale de la rue Bellegarde, aujourd'hui rue Mignet, en face de la rue du Mouton, on aperçoit une jolie façade d'église, au seuil de laquelle on monte par une quinzaine de degrés. C'est la chapelle des Ursulines. Elle fut bâtie en 1647 ainsi que le couvent adjacent pour les Visitandines qui avaient été établies à Aix, plus de vingt ans auparavant, par la Mère du Châtel, compagne de sainte Jeanne de Chantal, fondatrice de l'Ordre. Cet établissement, que le peuple connait encore sous le nom des *Grandes Maries*, était la première Maison de la Visitation sise dans la ville ; la seconde, qu'on appelait les *Petites Maries*, existe encore auprès de l'ancienne usine à gaz ; elle est actuellement occupée par le pensionnat de la Nativité dirigé par les Sœurs de la Présentation.

Tout concourt à faire de l'église des Ursulines un remarquable édifice, la richesse de ses souvenirs, l'harmonie de ses proportions et la beauté de son architecture.

C'est là, dans la chapelle de l'Institut fondé par leur sainte trisaïeule [1], que dorment deux petites filles de la célèbre Mme de Sévigné, Marie Blanche de Grignan, religieuse Visitandine de cette maison et Pauline de Grignan, veuve du marquis de Simiane. Le conseiller de Venel qui a donné son nom à l'une de nos rues et sa femme, gouvernante des enfants de France y sont également inhumés. Le magnifique autel-majeur qui décorait autrefois l'église était un don de la duchesse de Modène nièce des cardinaux Mazarin, dont l'un fut notre archevêque. Enfin, Daret avait peint pour un autel votif, érigé aux Visitandines par le chanoine Aillaud, à l'occasion de la fin des troubles du *semestre*, un fort curieux tableau qui représentait la ville d'Aix assiégée par le comte d'Alais, tableau qui a été emporté, comme tant d'autres richesses, par le torrent de la Révolution.

---

1 Sainte Jeanne de Chantal était la grand'mère de Me de Sévigné.

Mais, quoique dépouillée d'une partie de ses trésors, l'église des Ursulines, mérite encore une visite du voyageur. Elle n'a qu'une nef de style corinthien, percée de chapelles latérales qui sont surmontées de tribunes à balustres, comme la grande porte. La frise, richement sculptée, est ornée de palmes et de feuillages entrelacés. Le maître-autel, qui a remplacé celui de la duchesse de Molène, est également en marbre, ainsi que le beau **rétable** qui occupe les pans coupés de l'abside. Trois tableaux, *S. Augustin repris par un Ange, Ste Ursule* et *Ste Angèle*, décorent le centre et les deux côtés du rétable que domine un beau couronnement en pierre, relevé par une *Assomption* en relief.

Le pavé, tout en marbre, complète l'effet monumental de l'autel.

Les toiles ne manquent pas à la décoration de cette belle église ; citons, entre-autres, une curieuse *Sainte Famille, Élisée recevant le manteau d'Élie, S. Michel terrassant Lucifer,* une *Apparition du Sacré-Cœur aux fidèles de Marseille* en tête desquels on aperçoit Mgr de Belzunce, etc.

Hôtel d'Estienne de St-Jean. La maison *rue Villeverte, 42,* appartenant à M. le baron d'Estienne de St-Jean, remarquable seulement par ses vastes dimensions, réalise néanmoins la condition voulue pour être qualifiée *hôtel,* qui est d'avoir cour et jardin avec concierge.—Parmi les objets dignes d'intérêt, répandus dans les divers appartements : *La sainte Famille au repos,* grand tableau peint par P. Mignard pour le marquis de La Garde, en souvenir de services rendus ; *L'adoration des Mages,* petit tryptique, peinture italienne sur bois, du commencement du XVIme Siècle ; *Ste Madeleine au désert,* un des meilleurs tableaux de Levieux, inédit ; portrait de la duchesse de Berry, par Mme Vigée-Lebrun, plusieurs fois gravé ; un petit portrait espagnol, attribué à Vélasquez ; *S. Paul terrassé sur le chemin de Damas,* grande toile effet par Pietro di Cortona ; *Daphné changée en laurier*, par Fragonard, etc.

Une glace Louis XIV à grande bordure ajourée, feuilles d'acanthe noir et or, superbe fronton ; une paire grands chenets Louis XIII, boules et flammes en cuivre, non reproduits ; une grande vasque bain-de-pieds, fayence de Naples, sujet de chasse en bleu, absolument pareille à celle envoyée par le baron de Rotschild à l'Exposition Universelle de 1867 ; diverses autres fayences italiennes et provençales la plupart armoriées ; tentures anciennes armoriées et tentures de cuir de Cordoue ; une paire de quadriges en porcelaine de Saxe, Apollon et Phœbé sur des chars à quatre chevaux, non reproduits ; buste de Louis XVIII en biscuit de Sèvres, signé n° 1, probablement unique ; un bureau à tablette surmonté d'un corps à 2 battants de glaces, en laque verte, décors et dorures, ouvrage du commencement du XVIIIme Siècle exécuté en Chine sur les dessins et sous la direction des Jésuites. Le même, identique sauf la couleur du fond, se trouve dans le cabinet de travail du roi de Saxe à Dresde ; Un chapelet corail, or et perles, donné par la reine Jeanne Ire de Naples au comte de Matéra ; un tronc de genevrier géant, fossile.

Une collection de livres, gravures et documents provençaux, au nombre desquels : Les *Statuts et règlements de l'Ordre du Croissant*, institué par le roi René, manuscrit en français sur velin dans sa reliure en bois de l'époque ; l'album de l'architecte *Routier*, auteur de la primitive salle de spectacle d'Aix ; nombre de volumes in-folios, manuscrits des *Lettres-Royaux*, des actes de la Cour des Comptes et du Parlement ; les chapellenies érigées en l'église de St-Sauveur, etc., etc.

La **maison**, *rue Grande-Horloge, 17*, (déjà citée page 109), faisant l'angle de la rue des Bremondi, dont la façade imposante fut reconstruite par P. Pujet, en 1662, était celle du président d'Estienne de Saint-Jean. Elle appartient aujourd'hui à Mme veuve de Capdeville.

Hôtel d'Estienne d'Orves. *Cours Mirabeau, 27*, faisant l'angle de la rue Nazareth, remarquable par ses belles proportions, sa cage d'escalier grandiose, et son grand portique Louis XV sur la rue, appartient à le famille d'Estienne d'Orves qui le tient du général comte de Miollis. Ce vaste hôtel comprend parmi ses dépendances, sur l'autre face de sa cour, la maison avec façade sur la rue Courteissade, ayant appartenu à Malherbe et d'où fut datée sa fameuse élégie à Du Perrier.

La **maison** de la *rue Goyrand, 3*, ancienne rue Saint-Michel, a été bâtie par les ordres de J. de Tressemanes seigneur de Chasteuil et de Rousset, mort en 1722. Cet immeuble qui a abrité tour à tour la famille de Coriolis ; M⁓ de Cicé, Archevêque d'Aix ; M. Borely, procureur-général sous le Gouvernement de 1830 ; puis un négociant en huiles, est au moment où nous écrivons la propriété de M. Bessat. On pouvait voir, il y a peu de temps, dans un mur du jardin, un **monument précieux de la Renaissance** qu'on y avait incrusté et au milieu duquel se trouvait une vulgaire fontaine. Ce monument se trouve actuellement au Musée de la Ville qui l'a reçu en don de M. Bessat. C'est un portail en pierre de Calissanne, du meilleur style architectural, couvert de fines et délicates sculptures ornementales. Il porte la date de 1542. Nous l'avons vu, dans le temps au fond de l'impasse à droite en montant la rue Jacques de La Roque, c'était, autrefois l'entrée de l'hôtel des barons d'Aiguines et de Sénez, aujourd'hui le siège de la Maîtrise métropolitaine de Saint-Sauveur. La porte monumentale de cette vaste demeure, qui s'ouvre sur la rue Jacques de La Roque, ne fut construite qu'en 1786. Le portail artistique dont nous nous occupons fut offert en don par son propriétaire, M. André, à M. Borely, qui le fit placer dans son jardin.

Cabinet de M. Gaut. conservateur de la Bibliothèque Méjanes, *rue du Pont, 5*. Les principales curiosités sont :

Autographes de MM. le poète Joseph Méry; Emile Zola; Emile Augier; Louise Colet; Armand de Pontmartin; Emile Ollivier; Jules Simon: Bellot; Mistral; Roumanille; Aubanel; Bonaparte Wyse; Jules Canonge; St-René Taillandier; Alfred Nettement; Poujoulat; François Truphème; Victor Chavet; Augustin Fabre; Octave Teissier; Reine Garde; Hortense Rolland; Hippolyte Fortoul, ancien ministre; Saint-Martin, député; Marius Audran; Edmond Audran; Jules Troubat; Adolphe Carle; Théophile Bosq; Belmontel; docteur Barjavel; Guérin Menneville; Charles Duveyrier; J. Cauvine; Louis Neyret, continuateur de Mathieu de la Drôme; Jean Aycard; Ch. Chaubet; Sylvain Saint-Etienne; Latil, peintre célèbre d'Aix; Jules de Gères; Jules Canonge; Roux-Alphéran; Fortuné Pin; Antony Valabrègue; Augustin Fabre; Louis de Veyrières; autographes de tous les félibres.

Poésies inédites de Bellot; Mistral; Bonaparte-Wyse; Roumanille, etc. Poésies françaises de Roumanille.

Ouvrages curieux et rares. *Lou libre de l'amour* de Théod. Aubanel, grand in-4°, papier de Hollande, tiré seulement pour les amis de l'auteur, avec le nom de chaque destinataire imprimé en tête de l'exemplaire qui lui était destiné. Avignon, Aubanel, 1878.

Bouquet nouveau d'Albert et d'Anaïs, par Louis Roumieux. 100 exemplaires, in-4°. Nîmes, Roumieux, 1872.

Li fianço de Mario e de Ludovi, in-f°, 1863, tiré à un très petit nombre d'exemplaires, à deux teintes.

Le triomphe de Pétrarque de Théophile Gautier, avec traduction en vers anglais par Bonaparte-Wysse, texte français en caractère d'or, texte anglais en bleu. Plymouth, 1874, in-4°, dédicace autographe en vers provençaux, couverture de luxe imprimée en or.

Lou Chincho Merlicho, poème provençal de Bernard Boyer, dont le manuscrit est à la bibliothèque d'Avignon, édité pour la première fois par Bonaparte-Wyse, et tiré à

27 exemplaires dont cinq seulement sont en France. Dédicace autographe de l'édition. Bath. 1871, in-4°, édition de luxe.

L'Are de sedo d'ou Chine vert, par Bonaparte-Wyse. Mai 1875 (sans lieu ni nom d'éditeur). Poésies provençales tirées à un petit nombre d'exemplaires, texte et vignette en bleu. Dédicace en vers provençaux et autographe.

Nouvé-Abrieu, par Eugène Tavernier, plaquette de vers provençaux félibres, in-4°, 1884. Imprimé seulement pour quelques parents et amis, édition de luxe.

Dans le **cabinet de M. Vidal**, sous-bibliothécaire, *avenue Victor-Hugo*, se trouvent trois objets remarquables :

1° *Rameau d'olivier en argent, avec abeille en vermeil* (symbolisant la Provence et le travail), 1re « joie » des Jeux Floreaux de Langue d'Oc, en 1862, pour le thème « Éloge de la Prouvenço ».

2° *Lou Tresor d'ou Félibrige, Dictionnaire provençal-français*, par F. Mistral : « bon à tirer », corrections de l'auteur et de F. Vidal, chargé de cette publication. 4,000 pages en feuillets imprimés au recto seulement et reliés en deux forts volumes grand in-4°.

3° Supplément au Dictionnaire et correspondance, durant sept années ; du poète lexicographe avec le félibre-imprimeur à Aix pour l'édition du *Trésor*, avec quelques feuillets (manuscrit autographe) de ce « gros *près fa* » ou grand labeur, comme dit le maître.

Le **cabinet de M. G. Borel**, *rue Roux-Alphéran, 31*, contient des minéraux, des fossiles et surtout des monnaies et des médailles de toutes les parties du monde. Citons : De Rome, depuis Jules César jusqu'à Justinien ; de Grèce ; Sicile ; Italie et Provence, argent et bronze. De France, depuis Charles VII jusqu'à ce jour, argent, cuivre et billon. D'Allemagne ; d'Autriche ; de Russie ; de Suède ; de Danemark ; d'Angleterre ; de Hollande ; de Belgique ; d'Amérique Nord et Sud ; du Mexique ; de Chine ; d'Afrique et d'Espagne, toutes monnaies diverses, argent et cuivre.

Dessous d'escalier. Bon nombre de maisons d'Aix possèdent des moulures dessous les escaliers, nous en avons déjà cité une, page 117, dans la maison de M. Dauphin. Citons maintenant une maison de modeste apparence, *rue du Mouton, 16*, qui a contenu jadis des sculptures dans le vestibule, mais dont tout souvenir artistique a disparu, seul le dessous de l'escalier est resté à peu près intact, on y voit : *Adam et Eve ; la Tentation ; S. Joseph prêchant ; Adam et Eve chassés du paradis ; Abel tué par Caïn ; Marthe filant ; le Déluge ; Noé remerciant Dieu après le Déluge* et le *Baptême de S. Jean*; même rue n° 18, vieillard se chauffant à un réchaud ; au n° 23 la rampe est à citer.

D'une manière presque générale, cette ornementation est tirée de l'Ecriture Sainte, le tout agrémenté de fruits ou de fleurs et de compositions artistiques, nous indiquerons sommairement les maisons suivantes : rue d'Arpille, n° 1, des médaillons ; rue des Arts-et-Métiers, 13, des trophées ; rue Beauvezet, 15 et 23 ; rue des Bernardines, 11, des sujets de chasse : rue du Bon-Pasteur, 5, un ornement ogival et pendentif ; rue Boulegon, 20 et 22, des moulures diverses ; rue des Bretons, 7 ; rue Campra, 8, genre ogival ; rue des Cardeurs, 14, sujets mythologiques et trophées, même genre au n° 40 ; rue des Cordeliers, 31, en outre des moulures on remarque au dessus de la porte d'entrée une tête de satyre sculptée ; rue Villeverte, 40, ancienne maison Portaly Martialis, des moulures, que le propriétaire actuel M. Victor Leydet a fait nettoyer et dont les tons de l'escalier font ressortir les compositions ; même rue, 36, on voit aussi des moulures, mais à l'opposé du plus grand nombre ce sont des sujets mondains ; rue de la Couronne, 8 ; rue Emeric-David, 6, moulures au dessus du puits, le vestibule armorié, même rue, 38, fleurs et rosaces ; rue Espariat, 41, sujets religieux ; rue de la

Fonderie, 2 ; rue de la Fontaine, 2, bustes dans les angles; rue Jacques-de-la-Roque, 15, moulures, rosaces, losanges, etc ; rue Lacépède, 13, bustes dans les angles ; rue Manuel, 10, 21, 28, 40, au n° 44 en outre de l'escalier on doit citer les écussons sur les portes des 1er et 2me étages, un petit chien épagneul sur la rampe ; au n° 46 des person- Rue Mignet, 21, ancien hôtel de Valbelle, aujourd'hui caserne de la Gendarmerie, des trophées, des chiffres entrelacés des noms des anciens propriétaires ; même rue n° 37 et 39, cette dernière maison a des trophées d'instruments de musique ; rue de la Miséricorde 4 ; rue de l'Opéra 5, un bel escalier dont la cage est ornée de personnages féminins ; rue Papassaudi 14, en plus de l'escalier une sculpture à remarquer à la partie supérieure du puits ; rue du Pont 35 ; place des Prêcheurs 20 ; rue du Puits-Neuf 17 ; rue Sabaterie 14 ; petite rue St-Jean 7 ; rue Ste-Baume 9 ; rue du Séminaire 13 ; rue Vauvenargues 26 ; rue Venel 10 ; un dessous d'escalier bien conservé est celui de la maison située cours Mirabeau 17 bis, cette maison qui date du XVIIme Siècle fut batie par Léon de Valbelle, baron de Meyrargues, mais les moulures qui nous occupent sont d'une époque beaucoup plus récente, au milieu des fruits, des fleurs et des trophées on remarque une chèvre ce qui était le blason de M. de Cabre, mort en 1843.

Portes et façades à voir : rue Adanson 1, maison où naquit le botaniste Michel Adanson en 1727 ; rue Littéra 2 maison de l'onvert ; même rue n° 7 ; rue des Marseillais 10 et 12, façades aux quatre saisons ; rues Mignet 6, du Pont 6 ; places des Prêcheurs 3 ; boulevard du Roi-René 5 et 11 ; rue Roux-Alphéran 23 et 35 ; place St-Antoine 1 ; rue des Tanneurs 5.

L'hôtel rue **Goyrand**, 5 bâti au commencement du siècle dernier par de Léotard, seigneur d'Entrages, et qui par ses alliances matrimoniales était devenu la propriété de la famille de Gallifet, appartient aujourd'hui à M. Jules Crémieu. C'est là dans les vastes salons d'une belle demeure que reposent les livres et objets d'art que nous allons sommairement indiquer :

C'est d'abord une collection de tableaux formée par le père du possesseur actuel, M. Crémieu Vidal, qui fut un amateur et un connaisseur distingué de notre ville, les peintres de toutes les écoles y sont représentés, on y trouve des tableaux de Combes, Granet, Lacroix, etc., etc. Citons les principaux : une *Marine*, par Vernet ; une *Jeune fille*, attribuée à Guérin ; un émail du siècle de Louis XIV, représentant *St-Thomas d'Aquin*; l'*Adoration des Mages*, peinture sur cuivre ; deux *paysages de ruines*, attribués à Péternoff ; une autre *paysage* attribué à Wateau.

Une console dorée Louis XV sur laquelle repose une pendule Louis XVI représentant *Uranie terrestre* ; un très beau meuble incrusté Louis XIV, portant sur la corniche les armoiries réunies des familles de Savournin et de Beausset; un petit secrétaire également incrusté (Louis XVI), deux magnifiques flambeaux argent ciselé (Louis XV); une armoire Louis XIII, sculptée avec un beau fronton très bien conservé ; une pendule Louis XV.

La *bibliothèque* se compose de tous les grands classiques en belles éditions parfaitement reliés, une riche collection d'ouvrages sur la Provence et enfin une bibliothèque d'ouvrages hébreux.

Au deuxième étage de la même maison, dans les appartements occupés par M. Vallabrègue, on remarque une écuelle en argent, genre Louis XV, d'un travail très délicat et très bien fini, ainsi qu'une pendule sur 2 colonnes (Louis XVI), modèle en petit de celle de Versailles.

Même rue, n° 3, nous signalons un hôtel bâti vers la fin du XVIIᵐᵉ Siècle, appartenant aujourd'hui à la famille de Lagoy. C'est dans cette demeure où le représentant actuel d'une famille d'érudits marchant sur les traces de ses devanciers, possède une bibliothèque des plus rares et des lus précieuses pour l'histoire de notre pays. Manuscrits, chartes, ouvrages en tous genres qu'il serait trop long d'énumérer. Des objets d'art, des meubles précieux qu'il est également impossible de faire connaître à cause du nombre, complètent l'installation de cet hôtel.

Cours Mirabeau, 10. l'hôtel de M. le marquis d'Isoard de Vauvenargues, célèbre dans les annales de la cité par l'assassinat de la marquise d'Entrecasteaux, est un des beaux hôtels d'Aix qui dénote l'opulence de ses fondateurs. Construit dans de larges proportions il possède au rez-de-chaussée des salles dont les sculptures forment le principal élément. Les appartements du premier étage ne le cèdent en rien aux autres, on y voit des médaillons modernes à l'imitation de Wateau. Mais l'objet le plus important à signaler est une rareté du plus haut prix, c'est un superbe **Christ en ivoire**, qui d'après la tradition de la famille est dû au ciseau de Benvenutto Cellini.

Ce remarquable travail qui n'a pas moins d'un mètre de hauteur, et dans lequel le ciseau du grand maître qui illustra le XVIme Siècle, se fait sentir, est très bien conservé, il est plus grand que le christ d'Avignon, aussi en ivoire de Jean Guillermin dont plusieurs ouvrages font mention.

A signaler, un service de saxe remarquable, et en peinture moderne le portrait du cardinal d'Isoard, par Horace Vernet, et des portraits de famille, par Gibert.

L'hôtel de M. Arbaud, rue du Quatre-Septembre, devrait prendre le nom de musée en raison du nombre et de la rareté des objets qu'il contient.

La grande salle de la bibliothèque renferme les ouvrages curieux et anciens des XVIme, XVIIme et XVIIIme siècles tous magnifiquement reliés, plusieurs sont armoiriés, citons en passant à titre d'échantillon, un volume aux armes de Bossuet. Un corps de bibliothèque tout entier est réservé aux livres bibliographiques.

Nous devons renoncer à faire connaître, même sommairement, les livres qu'en homme de goût le propriétaire a su collectionner et des soins particuliers qu'il a donnés à la reliure. A commencer par le **missel d'Aix**, rareté de 1527 relié splendidement, à la première édition du Traité de la Fauconnerie d'Arcucia (1598), non moins précieux, il nous faudrait un volume entier pour faire connaitre les raretés seulement.

La collection des travaux sur la Provence se compose, en dehors de tous les ouvrages imprimés et de pas mal de manuscrits, d'environ 40,000 brochures toutes classées dans le plus grand ordre ; généralité, familles, communes. La petite commune de l'Isle (Vaucluse) y est représentée par 76 volumes renfermant chacun une centaine de pièces.

On comprend facilement qu'il est impossible de signaler tout ce que renferme ce musée. Comment indiquer seulement les gravures quand on saura qu'il y a environ 300 portraits différents de Mirabeau.

La salle du rez-de-chaussée composant la première bibliothèque renferme les manuscrits, plans, vues et portraits se rapportant à la Provence, elle a pour complément une autre salle au premier étage, dans laquelle se trouvent méthodiquement classés tout ce qui a trait à un même département, enfin un corps de bibliothèque renferme les œuvres des graveurs provençaux.

Les *objets d'art* ne peuvent non plus être décrits, ils sont également trop nombreux, et citons en finissant une **Mireille**, terre cuite de Truphème, dont deux exemplaires seulement existent, (le moule ayant été brisé après), celui dont nous parlons et celui offert à M. Mistral ; les plus belles **faïences de Moustiers** consistant en plats divers et deux urnes du plus haut prix, sans compter la *plaque des singes* qui dans une espace de 25 centimètres nous montre une douzaine de groupes d'une centaine de singes grotesques dont la description sommaire forme 4 pages du récent ouvrage de M. Fouque sur les faïences de Moustiers. Une urne des anciennes fabriques de Marseille, une urne funéraire très beau travail bien conservé provenant des fouilles faites aux environs d'Aix, des bronzes, des meubles sculptés par Allart de Toulon, etc., etc.

Nous terminons ici ce volume des *Curiosités Particulières* bien qu'il y ait encore dans Aix beaucoup d'autres objets précieux à faire connaître. Ce sera, s'il plaît à Dieu, pour une deuxième édition.

TABLE ALPHABÉTIQUE

Des Matières

ARCHITECTES, page 107.
ARCHIVES de l'Académie des Sciences, Agriculture, Arts e Belles-Lettres d'Aix, p. 115.
AUTOGRAPHES, p. 158.
BIBLIOTHÈQUES. Populaire, p. 134 ; des Bons Livres, 132 ; d l'Ordre des Avocats, 131 ; Musicale, 128 ; de l'Académi des Sciences, Belles Lettres et Arts, 115 ; Universitaire, 131
COLLECTIONS. De M. Rousset, p. 134 ; de M. d'Ille de Gantheau me, 135 ; Costa (aujourd'hui dispersée), 135 ; Furby, 123 Ferrier, 136 ; Gaut, 157 ; Vidal, 159 ; Borel, 159.
DESSOUS D'ESCALIERS, pages 117, 160.
Deux petites-filles de Mme de Sévigné, p. 154.
DESSINS & ESTAMPES : Auden, p. 125 ; Bergham, 125 ; Boucher 124 ; Cüy, 125 ; Grense, 124 ; Jeauron, 125 ; Puget, 117 124 ; Paul Potter, 124 ; Paelemburg, 125 ; Peter Neff, 125 Rembrand, 124 ; Ruisdael, 125 ; Sanzeio, 116 ; Storck, 125 Van der Heyden, 125 ; Watteau, 124.
ÉGLISES & CHAPELLES. Notre-Dame de la Seds, p. 101 ; églis St-Thomas de Villeneuve, 105 ; chapelle des Bourras, 107 église de PP. Jésuites, 125 ; église des PP. Oblats, 127 chapelle de St-Vincent-de-Paul, 153 ; chapelle de Ursulines, 154.
ÉCOLE nationale de Musique, p. 128.
FAYENCES DE MOUSTIERS, Pages 104, 164.
GRAVEURS. Page 137 : Audrand, Berghem, J. Callot, Collaer Annibal Carrache, Pierre Drevet, Claude Drevet, Dugardin Desnoyers, Claude Gellée (dit Claude Lorrain), J.-P. Lebas Lucas de Leyde, Launay, Andrea Montagna, Mellan, V. Os tade, Paul Potter, Ruysdael, Rembrandt, Scotin, Tardiet

A. Waterlo, W. Woollet;—page 138 : J. de Boissieu, Coelmans, Constantin, Combes, Coste, Cundier, Granet, L. Gautier, Lépicié, Lantelme, Rousselle, Marius Reynaud, Vorsterman.

HÔTELS de M. P. Arbaud, 163 ; d'Agut, 114 ; du Bureau de Bienfaisance, 109 ; de Châteaurenard, 109 ; de La Cépède, 114 ; de M. Jules Crémieu, 162 ; Châteauneuf, 119 ; de M. d'Estienne de St-Jean, 155 ; d'Eguilles, 148 ; de Grignan, 114 ; de Lagoy, 142 ; de l'Estang-Parade, 116 ; Maliverni, 105 ; de M. de Montigny, 122 ; de St-Marc, 104 ; de Panisse, 113 ; de M. de Saporta, 138 ; de Venel, 153 ; de Valori, 147.

HISTOIRE NATURELLE. Collection de M. Chabrier, (aujourd'hui reposée rue des Arts-et-Métiers, 19), 148 ; collection de M. Achard, 151 ; musée d'Histoire Naturelle, 152.

INSCRIPTION hébraïque, p. 118

MIRABEAU, p. 122.

MÉDAILLES, p. 120.

MAISONS de MM. d'Albert, p. 114 ; Bergeron, 107 ; de Bresc, 121 ; Mollet, 114 ; Roux-Alphéran, 119 ; de Peyronety, 107.

MAISONS HISTORIQUES, pages 156, 157.

MONNAIES et Médailles, p. 159.

MOULURES diverses, pages 160 et suivantes.

PEINTRES. Arnulphy, p. 104, 139, 141, 142 ; Antigna, 114 ; Auden, 125 ; Albert de Bec, 123 ; Boucher, 117, 122 ; Sébastien Barras, 118 ; Bruys, 116 ; Bernard, 120 ; Beaume, 113 ; Besson et Brest, 114 ; Berghem, 125 ; Cuyp, 125 ; Combes, 162 ; Caravage, 122 ; Célony, 141, 104 ; Châtelet 141 ; Pierre de Cortone, 142, 156 ; Constantin, 104 ; Corot, 114 ; Annibal Carracho, 116 ; Chaplin et Chavet, 113 ; Duplessis, 123 ; Daret, 104, 116, 121, 140, 151 ; Dandré-Bardon, 142 ; Van Diepenbec, 104 ; de Dreux, 113 ; Camille Flers, 121 ; de Fonscolombe, 142 ; Fragonard, 156 et 125 ; Granet, 116, 162 ; Guérin, 162 ; Gibert, 163 ; Gibelin, 142 ; Gudin, 114 ; Michel Garnier, 125 ; Guerchin, 127 ; Van Hell, 125 ; Hédoin, 113 ; Isabey, 122 ; de Julienne, 123 ; Joyant, 114 ; Van der Kalal, 104 ; L. Loubon, 114 ; Lacroix, 162 ; Bernardino Lomini, 122 ; Franck-le-Vieux, 141, 155 ; Vigie Lebrun, 155 ; Lebas, 114 ; Landelle, 114 ; Lazergue, 114 ; de Lestang-Parade, 116 ; Luminais, 113 ; Mignard, 155, 105, 116, 121 ; Malenaer, 125 ; Natier, 120 ;

Node, 113; Nauwingy, 125; Peternoff, 162; Poelemburg, 141, 125; Panini, 141; Puget, 142; Camille Roqueplan, 122; Révoil, 104; Rigaud, 119; Roi René, 120; Rigo, 113; Léopold Robert, 114; Hubert Robert, 124; Ruysdael, 125; Schaneders, 122; Sassoferato, 113; Henri Steenwyck, 125; Abram Stork, 125, David Théniers, 141, 116, 132, 125; de Troy, 117; Tassert, 113; Horace Vernet, 163; Joseph Vernet, 141, 162; Villevieille, 122; Vernet jeune, 146; J. B. Van Loo, 141, 105, 117, 119, 122; Velasquez, 155; Andrea del Verochio, 104; Veyrassat, 114; Van Dick, 120; Van der Heyden, 125; Wateau, 117; Wouwerman, 125.

PORTES ET FAÇADES, 161, 113, 117.

STATUAIRES. Benvenutto Cellini, 163; Truphème, 104; Michel-Ange, 117; Veyrier, 118, 121; Puget, 119; Chastel, 119; Pontier, 122; Rolland, 122.

SCULPTEUR SUR BOIS. Ravel, 114; Toro, 104, 117.

SCULPTURES sur bois, rue Emeric-David, 113, 114.

TERRE-CUITE. Rolland, 122, Truphème, 164.

En publication chez le même éditeur

Documents Historiques et Littéraires, rares ou inédits concernant la Provence, paraissant par fascicules à *50 cent.* :

1er *fascicule*. — Affiches offrant un attrait de curiosité, imprimées et affichées à Aix de 1660 à 1789 ;

2e *fascicule*. — Suite des mêmes affiches ;

3e et 4e *fascicules*. — Assassinat de la marquise d'Entrecasteaux par son mari, le 30 mai 1784.

EN PRÉPARATION :

Notice sur un temple antique qui existait autrefois aux environs d'Aix et qui était connu sous le nom de *Bastide-Forte*.

Mémoires de messire Geoffroy de Valbelle traduits par le P. François de Marseille, capucin.

Catalogue de l'œuvre gravée des artistes aixois, etc., etc.

www.ingramcontent.com/pod-product-compliance
Lightning Source LLC
LaVergne TN
LVHW020955090426
835512LV00009B/1907